GRöLS Verlage

„Bücher sind wie Fallschirme. Sie nützen uns nichts, wenn wir sie nicht öffnen."

Gröls Verlag

Redaktionelle Hinweise und Impressum

Das vorliegende Werk wurde zugunsten der Authentizität sehr zurückhaltend bearbeitet. So wurden etwa ursprüngliche Rechtschreibfehler *nicht* systematisch behoben, denn kleine Unvollkommenheiten machen das Buch – wie im Übrigen den Menschen – erst authentisch. Mitunter wurden jedoch zum Beispiel Absätze behutsam neu getrennt, um den Lesefluss zu erleichtern.

Um die Texte zu rekonstruieren, werden antiquarische Bücher von Lesegeräten gescannt und dann durch eine Software lesbar gemacht. Der so entstandene Text wird von Menschen gegengelesen und korrigiert – hierbei treten auch Fehler auf. Wenn Sie ebenfalls antiquarische Texte einreichen möchten, finden Sie weitere Informationen auf www.groels.de

Viel Freude bei der Lektüre wünscht Ihnen das Team des Gröls-Verlags.

Adressen

Verleger: Sophia Gröls, Im Borngrund 26, 61440 Oberursel

Externer Dienstleister für Distribution & Herstellung: BoD, In de Tarpen 42, 22848 Norderstedt

Unsere „Edition | Werke der Weltliteratur“ hat den Anspruch, eine der größten und vollständigsten Sammlungen klassischer Literatur in deutscher Sprache zu sein. Nach und nach versammeln wir hier nicht nur die „üblichen Verdächtigen“ von Goethe bis Schiller, sondern auch Kleinode der vergangenen Jahrhunderte, die – zu Unrecht – drohen, in Vergessenheit zu geraten. Wir kultivieren und kuratieren damit einen der wertvollsten Bereiche der abendländischen Kultur. Kleine Auswahl:

Francis Bacon • Neues Organon • **Balzac** • Glanz und Elend der Kurtisanen • **Joachim H. Campe** • Robinson der Jüngere • **Dante Alighieri** • Die Göttliche Komödie • **Daniel Defoe** • Robinson Crusoe • **Charles Dickens** • Oliver Twist • **Denis Diderot** • Jacques der Fatalist • **Fjodor Dostojewski** • Schuld und Sühne • **Arthur Conan Doyle** • Der Hund von Baskerville • **Marie von Ebner-Eschenbach** • Das Gemeindekind • **Elisabeth von Österreich** • Das Poetische Tagebuch • **Friedrich Engels** • Die Lage der arbeitenden Klasse • **Ludwig Feuerbach** • Das Wesen des Christentums • **Johann G. Fichte** • Reden an die deutsche Nation • **Fitzgerald** • Zärtlich ist die Nacht • **Flaubert** • Madame Bovary • **Gorch Fock** • Seefahrt ist not! • **Theodor Fontane** • Effi Briest • **Robert Musil** • Über die Dummheit • **Edgar Wallace** • Der Frosch mit der Maske • **Jakob Wassermann** • Der Fall Maurizius • **Oscar Wilde** • Das Bildnis des Dorian Grey • **Émile Zola** • Germinal • **Stefan Zweig** • Schachnovelle • **Hugo von Hofmannsthal** • Der Tor und der Tod • **Anton Tschechow** • Ein Heiratsantrag • **Arthur Schnitzler** • Reigen • **Friedrich Schiller** • Kabale und Liebe • **Nicolo Machiavelli** • Der Fürst • **Gotthold E. Lessing** • Nathan der Weise • **Augustinus** • Die Bekenntnisse des heiligen Augustinus • **Marcus Aurelius** • Selbstbetrachtungen • **Charles Baudelaire** • Die Blumen des Bösen • **Harriett Stowe** • Onkel Toms Hütte • **Walter Benjamin** • Deutsche Menschen • **Hugo Bettauer** • Die Stadt ohne Juden • **Lewis Caroll** • *und viele mehr….*

Arthur Schnitzler

Liebelei

Schauspiel in drei Akten

Inhalt

Personen:

Hans Weiring, *Violinspieler am Josefstädter Theater*

Christine, *seine Tochter*

Mizi Schlager, *Modistin*

Katharina Binder, *Frau eines Strumpfwirkers*

Lina, *ihre neunjährige Tochter*

Fritz Lobheimer *und* **Theodor Kaiser**, *junge Leute*

Ein Herr

Erster Akt

Zimmer Fritzens. Elegant und behaglich.

Fritz, Theodor *Theodor tritt zuerst ein, er hat den Überzieher auf dem Arm, nimmt den Hut erst nach dem Eintritt ab, hat auch den Stock noch in der Hand.*

Fritz *spricht draußen* Also es war niemand da?

Stimme des Dieners Nein, gnädiger Herr.

Fritz *im Hereintreten* Den Wagen könnten wir eigentlich wegschicken?

Theodor Natürlich. Ich dachte, du hättest es schon getan.

Fritz *wieder hinausgehend, in der Tür* Schicken Sie den Wagen fort. Ja... Sie können übrigens jetzt auch weggehen, ich brauche Sie heute nicht mehr. *Er kommt herein. Zu Theodor* Was legst du denn nicht ab?

Theodor *ist neben dem Schreibtisch* Da sind ein paar Briefe. *Er wirft Überzieher und Hut auf einen Sessel, behält den Spazierstock in der Hand.*

Fritz *geht hastig zum Schreibtisch* Ah!...

Theodor Na, na!... Du erschrickst ja förmlich.

Fritz Von Papa... *Erbricht den anderen* von Lensky...

Theodor Laß dich nicht stören.

Fritz *durchfliegt die Briefe.*

Theodor Was schreibt denn der Papa?

Fritz Nichts Besonderes... Zu Pfingsten soll ich auf acht Tage aufs Gut.

Theodor Wäre sehr vernünftig. Ich möchte dich auf ein halbes Jahr hinschicken.

Fritz *der vor dem Schreibtisch steht, wendet sich nach ihm um.*

Theodor Gewiß! – Reiten, kutschieren, frische Luft, Sennerinnen –

Fritz Du, Sennhütten gibt's auf Kukuruzfeldern keine!

Theodor Naja also, du weißt schon, was ich meine...

Fritz Willst du mit mir hinkommen?

Theodor Kann ja nicht!

Fritz Warum denn?

Theodor Mensch, ich hab' ja Rigorosum zu machen! Wenn ich mit dir hinginge, wär' es nur, um dich dortzuhalten.

Fritz Geh, mach dir um mich keine Sorgen!

Theodor Du brauchst nämlich – das ist meine Überzeugung – nichts anderes als frische Luft! – Ich hab's heute gesehen. Da draußen, wo der echte grüne Frühling ist, bist du wieder ein sehr lieber und angenehmer Mensch gewesen.

Fritz Danke.

Theodor Und jetzt – jetzt knickst du natürlich zusammen. Wir sind dem gefährlichen Dunstkreis wieder zu nah.

Fritz *macht eine ärgerliche Bewegung.*

Theodor Du weißt nämlich gar nicht, wie fidel du da draußen gewesen bist – du warst geradezu bei Verstand – es war wie in den guten alten Tagen... – Auch neulich, wie wir mit den zwei herzigen Mäderln zusammen waren, bist du ja sehr nett gewesen, aber jetzt – ist es natürlich wieder aus, und du findest es dringend notwendig *Mit ironischem Pathos – an jenes Weib* zu denken.

Fritz *steht auf, ärgerlich.*

Theodor Du kennst mich nicht, mein Lieber. Ich habe nicht die Absicht, das länger zu dulden.

Fritz Herrgott, bist du energisch!...

Theodor Ich verlang' ja nicht von dir, daß du *Wie oben jenes Weib* vergißt... ich möchte nur, *Herzlich* mein lieber Fritz, daß dir diese unglückselige Geschichte, in der man ja immer für dich zittern muß, nicht mehr bedeutet als ein gewöhnliches Abenteuer... Schau Fritz, wenn du eines Tages „jenes Weib“ nicht mehr anbetest, da wirst du dich wundern, wie sympathisch sie dir sein wird. Da wirst du erst drauf kommen, daß sie gar nichts Dämonisches an sich hat, sondern daß sie ein sehr liebes Frauerl ist, mit dem man sich sehr gut amüsieren kann, wie mit allen Weibern, die jung und hübsch sind und ein bißchen Temperament haben.

Fritz Warum sagst du „für mich zittern“?

Theodor Du weißt es... Ich kann dir nicht verhehlen, daß ich eine ewige Angst habe, du gehst eines schönen Tages mit ihr auf und davon.

Fritz Das meintest du?...

Theodor *nach einer kurzen Pause* Es ist nicht die einzige Gefahr.

Fritz Du hast recht, Theodor – es gibt auch andere.

Theodor Man macht eben keine Dummheiten.

Fritz *vor sich hin* Es gibt andere...

Theodor Was hast du?... Du denkst an was ganz Bestimmtes.

Fritz Ach nein, ich denke nicht an Bestimmtes... *Mit einem Blick zum Fenster* Sie hat sich ja schon einmal getäuscht.

Theodor Wieso?... Was?... Ich versteh' dich nicht.

Fritz Ach nichts.

Theodor Was ist das? So red doch vernünftig.

Fritz Sie ängstigt sich in der letzten Zeit... zuweilen.

Theodor Warum? – Das muß doch einen Grund haben.

Fritz Durchaus nicht. Nervosität – *Ironisch* schlechtes Gewissen, wenn du willst.

Theodor Du sagst, sie hat sich schon einmal getäuscht –

Fritz Nun ja – und heute wohl wieder.

Theodor Heute – ja, was heißt denn das alles –?

Fritz *nach einer kleinen Pause* Sie glaubt... man paßt uns auf.

Theodor Wie?

Fritz Sie hat Schreckbilder, wahrhaftig, förmliche Halluzinationen. *Beim Fenster* Sie sieht hier durch den Ritz des Vorhanges irgendeinen Menschen, der dort an der Straßenecke steht, und glaubt – *Unterbricht sich* Ist es überhaupt möglich, ein Gesicht auf diese Entfernung hin zu erkennen?

Theodor Kaum.

Fritz Das sag' ich ja auch. Aber das ist dann schrecklich. Da traut sie sich nicht fort, da bekommt sie alle möglichen Zustände, da hat sie Weinkrämpfe, da möchte sie mit mir sterben –

Theodor Natürlich.

Fritz *kleine Pause* Heute mußte ich hinunter, nachsehen. So gemütlich, als wenn ich eben allein von Hause wegginge; – es war natürlich weit und breit kein bekanntes Gesicht zu sehn...

Theodor *schweigt.*

Fritz Das ist doch vollkommen beruhigend, nicht wahr? Man versinkt ja nicht plötzlich in die Erde, was?... So antwort mir doch!

Theodor Was willst du denn darauf für eine Antwort? Natürlich versinkt man nicht in die Erde. Aber in Haustore versteckt man sich zuweilen.

Fritz Ich hab' in jedes hineingesehen.

Theodor Da mußt du einen sehr harmlosen Eindruck gemacht haben.

Fritz Niemand war da. Ich sag's ja, Halluzinationen.

Theodor Gewiß. Aber es sollte dich lehren vorsichtiger sein.

Fritz Ich hätt' es ja auch merken müssen, wenn er einen Verdacht hätte. Gestern habe ich ja nach dem Theater mit ihnen soupiert – mit *ihm* und *ihr* – und es war so gemütlich, sag' ich dir!... Lächerlich!

Theodor Ich bitt' dich Fritz – tu mir den Gefallen, sei vernünftig. Gib diese ganze verdammte Geschichte auf – schon meinetwegen. Ich hab' ja auch Nerven... Ich weiß ja, du bist nicht der Mensch, dich aus einem Abenteuer ins Freie zu retten, drum hab' ich dir's ja so bequem gemacht und dir Gelegenheit gegeben, dich in ein anderes *hinein*zuretten...

Fritz Du?...

Theodor Nun, hab' ich dich nicht vor ein paar Wochen zu meinem Rendezvous mit Fräulein Mizi mitgenommen? Und hab' ich nicht

Fräulein Mizi gebeten, ihre schönste Freundin mitzubringen? Und kannst du es leugnen, daß dir die Kleine sehr gut gefällt?...

Fritz Gewiß ist die lieb!... So lieb! Und du hast ja gar keine Ahnung, wie ich mich nach so einer Zärtlichkeit ohne Pathos gesehnt habe, nach so was Süßem, Stillem, das mich umschmeichelt, an dem ich mich von den ewigen Aufregungen und Martern erholen kann.

Theodor Das ist es, ganz richtig! Erholen! Das ist der tiefere Sinn. Zum Erholen sind sie da. Drum bin ich auch immer gegen die sogenannten interessanten Weiber. Die Weiber haben nicht interessant zu sein, sondern angenehm. Du mußt dein Glück suchen, wo ich es bisher gesucht und gefunden habe, dort, wo es keine großen Szenen, keine Gefahren, keine tragischen Verwicklungen gibt, wo der Beginn keine besonderen Schwierigkeiten und das Ende keine Qualen hat, wo man lächelnd den ersten Kuß empfängt und mit *sehr* sanfter Rührung scheidet.

Fritz Ja, das ist es.

Theodor Die Weiber sind ja so glücklich in ihrer gesunden Menschlichkeit – was zwingt uns denn, sie um jeden Preis zu Dämonen oder zu Engeln zu machen?

Fritz Sie ist wirklich ein Schatz. So anhänglich, so lieb. Manchmal scheint mir fast, zu lieb für mich.

Theodor Du bist unverbesserlich; scheint es. Wenn du die Absicht hast, auch *die* Sache wieder ernst zu nehmen –

Fritz Aber ich *denke* nicht daran. Wir sind ja einig; Erholung.

Theodor Ich würde auch meine Hände von dir abziehen. Ich hab' deine Liebestragödien satt. Du langweilst mich damit. Und wenn du Lust hast, mir mit dem berühmten Gewissen zu kommen, so will ich dir mein einfaches Prinzip für solche Fälle verraten: Besser *ich* als ein anderer. Denn der andere ist unausbleiblich wie das Schicksal.

Es klingelt.

Fritz Was ist denn das?...

Theodor Sieh nur nach. – Du bist ja schon wieder blaß! Also beruhige dich sofort. Es sind die zwei süßen Mäderln.

Fritz *angenehm überrascht* Was?...

Theodor Ich habe mir die Freiheit genommen, sie für heute zu dir einzuladen. –

Fritz *im Hinausgehen* Geh – warum hast du mir's denn nicht gesagt! Jetzt hab' ich den Diener weggeschickt.

Theodor Um so gemütlicher.

Fritzens Stimme *draußen* Grüß Sie Gott, Mizi!

Theodor, Fritz, Mizi *tritt ein, trägt ein Paket in der Hand.*

Fritz Und wo ist denn die Christin'? –

Mizi Kommt bald nach. Grüß dich Gott, Dori.

Theodor *küßt ihr die Hand.*

Mizi Sie müssen schon entschuldigen, Herr Fritz; aber der Theodor hat uns einmal eingeladen –

Fritz Aber das ist ja eine famose Idee gewesen. Nur hat er eines vergessen, der Theodor –

Theodor Nichts hat er vergessen, der Theodor. *Nimmt der Mizi das Paket aus der Hand* Hast du alles mitgebracht, was ich dir aufgeschrieben habe? –

Mizi Freilich! *Zu Fritz* Wo darf ich's denn hinlegen?

Fritz Geben Sie mir's nur, Mizi, wir legen's indessen da auf die Kredenz.

Mizi Ich hab' noch extra was gekauft, was du nicht aufgeschrieben hast, Dori.

Fritz Geben Sie mir Ihren Hut, Mizi, so – *Legt ihn aufs Klavier, ebenso ihre Boa.*

Theodor *Mißtrauisch* Was denn?

Mizi Eine Mokkacremetorte.

Theodor Naschkatz'!

Fritz Ja, aber sagen Sie, warum ist denn die Christin' nicht gleich mitgekommen? –

Mizi Die Christin' begleitet ihren Vater zum Theater hin. Sie fährt dann mit der Tramway her.

Theodor Das ist eine zärtliche Tochter...

Mizi Na, und gar in der letzten Zeit, seit der Trauer.

Theodor Wer ist ihnen denn eigentlich gestorben?

Mizi Die Schwester vom alten Herrn.

Theodor Ah, die Frau Tant'!

Mizi Nein, das war eine alte *Fräul'n,* die schon immer bei ihnen gewohnt hat – Na, und da fühlt er sich halt so vereinsamt.

Theodor Nicht wahr, der Vater von der Christin', das ist so ein kleiner Herr mit kurzem grauen Haar –

Mizi *schüttelt den Kopf* Nein, er hat ja lange Haar'.

Fritz Woher kennst du ihn denn?

Theodor Neulich war ich mit dem Lensky in der Josefstadt und da hab' ich mir die Leut' mit den Baßgeigen angeschaut.

Mizi Er spielt ja nicht Baßgeige, Violin' spielt er.

Theodor Ach so – ich hab' gemeint, er spielt Baßgeige. *Zu Mizi, die lacht* Das ist ja nicht komisch; das kann ich ja nicht wissen, du Kind.

Mizi Schön haben Sie's, Herr Fritz – wunderschön! Wohin haben Sie denn die Aussicht?

Fritz Das Fenster da geht in die Strohgasse, und im Zimmer daneben –

Theodor *rasch* Sagt mir nur, warum seid ihr denn so gespreizt miteinander? Ihr könntet euch wirklich du sagen.

Mizi Beim Nachtmahl trinken wir Bruderschaft.

Theodor Solide Grundsätze! Immerhin beruhigend. Wie geht's denn der Frau Mutter?

Mizi *wendet sich zu ihm, plötzlich mit besorgter Miene* Denk dir, sie hat –

Theodor Zahnweh – ich weiß, ich weiß. Deine Mutter hat immer Zahnweh. Sie soll endlich einmal zu einem Zahnarzt gehen.

Mizi Aber der Doktor sagt, es ist nur rheumatisch.

Theodor *lachend* Ja, wenn's nur rheumatisch ist –

Mizi *ein Album in der Hand* Lauter so schöne Sachen haben Sie da!... *Im Blättern* Wer ist denn das?... Das sind ja Sie, Herr Fritz... In Uniform!? Sie sind beim Militär?

Fritz Ja.

Mizi Dragoner! – Sind Sie bei den gelben oder bei den schwarzen?

Fritz *lächelnd* Bei den gelben.

Mizi *wie in Träume versunken* Bei den gelben.

Theodor Da wird sie ganz träumerisch! Mizi, wach auf!

Mizi Aber jetzt sind Sie Leutnant der Reserve?

Fritz Allerdings.

Mizi Sehr gut müssen Sie ausschaun mit dem Pelz.

Theodor Umfassend ist dieses Wissen! – Du, Mizi, ich bin nämlich auch beim Militär.

Mizi Bist du auch bei den Dragonern?

Theodor Ja. –

Mizi Ja, warum sagt ihr einem denn das nicht?...

Theodor Ich will um meiner selbst willen geliebt werden.

Mizi Geh, Dori, da mußt du dir nächstens, wenn wir zusammen wohin gehen, die Uniform anziehn.

Theodor Im August hab' ich sowieso Waffenübung.

Mizi Gott, bis zum August –

Theodor Ja, richtig – so lange währt die ewige Liebe nicht.

Mizi Wer wird denn im Mai an den August denken. Ist's nicht wahr, Herr Fritz? – Sie, Herr Fritz, warum sind denn Sie uns gestern durchgegangen?

Fritz Wieso...

Mizi Na ja – nach dem Theater.

Fritz Hat mich denn der Theodor nicht bei euch entschuldigt?

Theodor Freilich hab' ich dich entschuldigt.

Mizi Was hab' denn ich – oder vielmehr die Christin' von Ihrer Entschuldigung! Wenn man was verspricht, so halt man's.

Fritz Ich wär' wahrhaftig lieber mit euch gewesen...

Mizi Is' wahr?...

Fritz Aber, ich konnt' nicht. Sie haben ja gesehen, ich war mit Bekannten in der Loge, und da hab' ich mich nachher nicht losmachen können.

Mizi Ja, von den schönen Damen haben Sie sich nicht losmachen können. Glauben Sie, wir haben Sie nicht gesehen von der Galerie aus?

Fritz Ich hab' euch ja auch gesehn...

Mizi Sie sind rückwärts in der Loge gesessen.

Fritz Nicht immer.

Mizi Aber meistens. Hinter einer Dame mit einem schwarzen Samtkleid sind Sie gesessen und haben immer *Parodierende Bewegung* so hervorgeguckt.

Fritz Sie haben mich aber genau beobachtet.

Mizi Mich geht's ja nichts an! Aber wenn ich die Christin' wär'... Warum hat denn der Theodor nach dem Theater Zeit? Warum muß der nicht mit Bekannten soupieren gehn?

Theodor *stolz* Warum muß ich nicht mit Bekannten soupieren gehn?...

Es klingelt.

Mizi Das ist die Christin'.

Fritz *eilt hinaus.*

Theodor Mizi, du könntest mir einen Gefallen tun.

Mizi *fragende Miene.*

Theodor Vergiß – auf einige Zeit wenigstens – deine militärischen Erinnerungen.

Mizi Ich hab' ja gar keine.

Theodor Na du, aus dem Schematismus hast du die Sachen nicht gelernt, das merkt man.

Theodor, Mizi, Fritz, Christine *mit Blumen in der Hand.*

Christine *grüßt mit ganz leichter Befangenheit* Guten Abend. *Begrüßung. Zu Fritz* Freut's dich, daß wir gekommen sind? Bist nicht bös?

Fritz Aber Kind! – Manchmal ist ja der Theodor gescheiter als ich. –

Theodor Na, geigt er schon, der Herr Papa?

Christine Freilich; ich hab' ihn zum Theater hinbegleitet.

Fritz Die Mizi hat's uns erzählt. –

Christine *zu* **Mizi** Und die Kathrin' hat mich noch aufgehalten.

Mizi O je, die falsche Person.

Christine Oh, die ist gewiß nicht falsch, die ist sehr gut zu mir.

Mizi Du glaubst auch einer jeden.

Christine Warum soll die denn gegen mich falsch sein?

Fritz Wer ist denn die Kathrin'?

Mizi Die Frau von einem Strumpfwirker und ärgert sich alleweil, wenn wer jünger ist wie sie.

Christine Sie ist ja selbst noch eine junge Person.

Fritz Lassen wir die Kathrin'. – Was hast du denn da?

Christine Ein paar Blumen hab' ich dir mitgebracht.

Fritz *nimmt sie ihr ab und küßt ihr die Hand* Du bist ein Engerl. Wart, die wollen wir da in die Vase...

Theodor Oh nein! Du hast gar kein Talent zum Festarrangeur. Die Blumen werden zwanglos auf den Tisch gestreut... Nachher übrigens, wenn aufgedeckt ist. Eigentlich sollte man das so arrangieren, daß sie von der Decke herunterfallen. Das wird aber wieder nicht gehen.

Fritz *lachend* Kaum

Theodor Unterdessen wollen wir sie doch da hineinstecken. *Gibt sie in die Vase.*

Mizi Kinder, dunkel wird's!

Fritz *hat der Christine geholfen, die Überjacke auszuziehen, sie hat auch ihren Hut abgelegt, er gibt die Dinge auf einen Stuhl im Hintergrund* Gleich wollen wir die Lampe anzünden.

Theodor Lampe! Keine Idee! *Lichter* werden wir anzünden. Das macht sich viel hübscher. Komm, Mizi, kannst mir helfen.

Er und Mizi zünden die Lichter an; die Kerzen in den zwei Armleuchtern auf dem Trumeau, eine Kerze auf dem Schreibtisch, dann zwei Kerzen auf der Kredenz.

Unterdessen sprechen Fritz und Christine miteinander.

Fritz Wie geht's dir denn, mein Schatz?

Christine Jetzt geht's mir gut.

Fritz Na, und sonst?

Christine Ich hab' mich so nach dir gesehnt.

Fritz Wir haben uns ja gestern erst gesehen.

Christine Gesehn... von weitem... *Schüchtern* Du, das war nicht schön, daß du...

Fritz Ja, ich weiß schon; die Mizi hat's mir schon gesagt. Aber du bist ein Kind wie gewöhnlich. Ich hab' nicht los können. So was mußt du ja begreifen.

Christine Ja... du, Fritz... wer waren denn die Leute in der Loge?

Fritz Bekannte – das ist doch ganz gleichgültig, wie sie heißen.

Christine Wer war denn die Dame im schwarzen Samtkleid?

Fritz Kind, ich hab' gar kein Gedächtnis für Toiletten.

Christine *schmeichelnd* Na!

Fritz Das heißt... ich hab' dafür auch schon ein Gedächtnis – in gewissen Fällen. Zum Beispiel an die dunkelgraue Bluse erinner' ich mich sehr gut, die du angehabt hast, wie wir uns das erste Mal gesehen haben. Und die weiß-schwarze Taille, gestern... im Theater –

Christine Die hab' ich ja heut auch an!

Fritz Richtig... von weitem sieht die nämlich ganz anders aus – im Ernst! Oh, und das Medaillon, das kenn' ich auch!

Christine *lächelnd* Wann hab' ich's umgehabt?

Fritz Vor – na, damals, wie wir in dem Garten bei der Linie spazierengegangen sind, wo die vielen Kinder gespielt haben... nicht wahr...?

Christine Ja... Du denkst doch manchmal an mich.

Fritz Ziemlich häufig, mein Kind...

Christine Nicht so oft, wie ich an dich. Ich denke immer an dich... den ganzen Tag... und froh kann ich doch nur sein, wenn ich dich seh'!

Fritz Sehn wir uns denn nicht oft genug? –

Christine Oft...

Fritz Freilich. Im Sommer werden wir uns weniger sehn... Denk dir, wenn ich zum Beispiel einmal auf ein paar Wochen verreiste, was möchtest du da sagen?

Christine *ängstlich* Wie? Du willst verreisen?

Fritz Nein... Immerhin wär' es aber möglich, daß ich einmal die Laune hätte, acht Tage ganz allein zu sein...

Christine Ja, warum denn?

Fritz Ich spreche ja nur von der Möglichkeit. Ich kenne mich, ich hab' solche Launen. Und du könntest ja auch einmal Lust haben, mich ein paar Tage nicht zu sehn... das werd' ich immer verstehn.

Christine Die Laune werd' ich nie haben, Fritz.

Fritz Das kann man nie wissen.

Christine Ich weiß es... Ich hab' dich lieb.

Fritz Ich hab' dich ja auch sehr lieb.

Christine Du bist aber mein Alles, Fritz, für dich könnt' ich... *Sie unterbricht sich* Nein, ich kann mir nicht denken, daß je eine Stunde käm', wo ich dich nicht sehen wollte. Solang ich leb', Fritz – –

Fritz *unterbricht* Kind, ich bitt' dich... so was sag lieber nicht... die großen Worte, die hab' ich nicht gern. Von der Ewigkeit reden wir nicht...

Christine *traurig lächelnd* Hab keine Angst, Fritz... ich weiß ja, daß es nicht für immer ist...

Fritz Du verstehst mich falsch, Kind. Es ist ja
möglich, *Lachend* daß wir einmal überhaupt nicht ohne einander leben können, aber wissen können wir's ja nicht, nicht wahr? Wir sind ja nur Menschen.

Theodor *auf die Lichter weisend* Bitte sich das gefälligst anzusehen... Sieht das nicht anders aus, als wenn da eine dumme Lampe stünde?

Fritz Du bist wirklich der geborene Festarrangeur.

Theodor Kinder, wie wär's übrigens, wenn wir an das Souper dächten?...

Mizi Ja!... Komm, Christin'!...

Fritz Wartet, ich will euch zeigen, wo ihr alles Notwendige findet.

Mizi Vor allem brauchen wir ein Tischtuch.

Theodor *mit englischem Akzent, wie ihn die Clowns zu haben pflegen* “Eine Tischentuch.“

Fritz Was?...

Theodor Erinnerst dich nicht an den Clown im Orpheum? „Das ist eine Tischentuch“... „Das ist eine Blech.“ „Das ist eine kleine piccolo.“

Mizi Du, Dori, wann gehst denn mit mir ins Orpheum? Neulich hast du mir's ja versprochen. Da kommt die Christin' aber auch mit, und der Herr Fritz auch. *Sie nimmt eben Fritz das Tischtuch aus der Hand, das dieser aus der Kredenz genommen* Da sind aber dann wir die Bekannten in der Loge...

Fritz Ja, ja...

Mizi Da kann dann die Dame mit dem schwarzen Samtkleid allein nach Haus gehn.

Fritz Was ihr immer mit der Dame in Schwarz habt, das ist wirklich zu dumm.

Mizi Oh, wir haben nichts mit ihr... So... Und das Eßzeug?... *Fritz zeigt ihr alles in der geöffneten Kredenz* Ja... Und die Teller?... Ja, danke... So, jetzt machen wir's schon allein... Gehn Sie, gehn Sie, jetzt stören Sie uns nur.

Theodor *hat sich unterdessen auf den Diwan der Länge nach hingelegt; wie Fritz zu ihm nach vorne kommt* Du entschuldigst...

Mizi und Christine decken auf.

Mizi Hast du schon das Bild von Fritz in der Uniform gesehn?

Christine Nein.

Mizi Das mußt du dir anschaun. Fesch!... *Sie reden weiter.*

Theodor *auf dem Diwan* Siehst du, Fritz, solche Abende sind meine Schwärmerei.

Fritz Sind auch nett.

Theodor Da fühl' ich mich behaglich... Du nicht?...

Fritz Oh, ich wollte, es wär' mir immer so wohl.

Mizi Sagen Sie, Herr Fritz, ist Kaffee in der Maschin' drin?

Fritz Ja... Ihr könnt auch gleich den Spiritus anzünden – auf der Maschin' dauert's sowieso eine Stund', bis der Kaffee fertig ist...

Theodor *zu Fritz* Für so ein süßes Mäderl geb' ich zehn dämonische Weiber her.

Fritz Das kann man nicht vergleichen.

Theodor Wir hassen nämlich die Frauen, die wir lieben – und lieben nur die Frauen, die uns gleichgültig sind.

Fritz *lacht.*

Mizi Was ist denn? Wir möchten auch was hören!

Theodor Nichts für euch, Kinder. Wir philosophieren. *Zu Fritz* Wenn wir heut mit denen das letzte Mal zusammen wären, wir wären doch nicht weniger fidel, was?

Fritz Das letzte Mal... Na, darin liegt jedenfalls etwas Melancholisches. Ein Abschied schmerzt immer, auch wenn man sich schon lange darauf freut!

Christine Du, Fritz, wo ist denn das kleine Eßzeug?

Fritz *geht nach hinten, zur Kredenz.* Da ist es, mein Schatz.

Mizi *ist nach vom gekommen, fährt dem Theodor, der auf dem Diwan liegt, durch die Haare.*

Theodor Du Katz', du!

Fritz *öffnet das Paket, das Mizi gebracht* Großartig...

Christine *zu Fritz* Wie du alles hübsch in Ordnung hast!

Fritz Ja... *Ordnet die Sachen, die Mizi mitgebracht – Sardinenbüchse, kaltes Fleisch, Butter, Käse.*

Christine Fritz... willst du mir's nicht sagen?

Fritz Was denn?

Christine *sehr schüchtern* Wer die Dame war?

Fritz Nein; ärger mich nicht. *Milder* Schau, das haben wir ja so ausdrücklich miteinander ausgemacht: Gefragt wird nichts. Das ist ja gerade das Schöne. Wenn ich mit dir zusammen bin, versinkt die Welt – punktum. Ich frag' dich auch um nichts.

Christine Mich kannst du um alles fragen.

Fritz Aber ich tu's nicht. Ich will ja nichts wissen.

Mizi *kommt wieder hin* Herrgott, machen Sie da eine Unordnung – *übernimmt die Speisen, legt sie auf die Teller* So...

Theodor Du, Fritz, sag, hast du denn irgend was zum Trinken zu Hause?

Fritz Oh ja, es wird sich schon was finden. *Er geht ins Vorzimmer.*

Theodor *erhebt sich und besichtigt den Tisch* Gut. –

Mizi So, ich denke, es fehlt nichts mehr!...

Fritz *kommt mit einigen Flaschen zurück* So, hier wäre auch was zum Trinken.

Theodor Wo sind denn die Rosen, die von der Decke herunterfallen?

Mizi Ja, richtig, die Rosen haben wir vergessen! *Sie nimmt die Rosen aus der Vase, steigt auf einen Stuhl und läßt die Rosen auf den Tisch fallen* So!

Christine Gott, ist das Mädel ausgelassen.

Theodor Na, nicht in die Teller...

Fritz Wo willst du sitzen, Christin'?

Theodor Wo ist denn der Stoppelzieher?

Fritz *holt einen aus der Kredenz* Hier ist einer.

Mizi *versucht, den Wein aufzumachen.*

Fritz Aber geben Sie das doch mir.

Theodor Laßt das mich machen... *Nimmt ihm Flasche und Stoppelzieher aus der Hand* Du könntest unterdessen ein bißchen... *Bewegung des Klavierspiels.*

Mizi Ja, ja, das ist fesch!... *Sie läuft zum Klavier, öffnet es, nachdem sie die Sachen, die darauf liegen, auf einen Stuhl gelegt hat.*

Fritz *zu Christine* Soll ich?

Christine Ich bitt' dich, ja, so lang schon hab' ich mich danach gesehnt.

Fritz *am Klavier* Du kannst ja auch ein bissel spielen?

Christine *abwehrend* Oh Gott.

Mizi Schön kann sie spielen, die Christin'... sie kann auch singen.

Fritz Wirklich? Das hast du mir ja nie gesagt!...

Christine Hast du mich denn je gefragt?

Fritz Wo hast du denn singen gelernt?

Christine Gelernt hab' ich's eigentlich nicht. Der Vater hat mich ein bissel unterrichtet – aber ich hab' nicht viel Stimme. Und weißt du, seit die Tant' gestorben ist, die immer bei uns gewohnt hat, da ist es noch stiller bei uns wie es früher war.

Fritz Was machst du eigentlich so den ganzen Tag?

Christine Oh Gott, ich hab' schon zu tun! –

Fritz So im Haus – wie? –

Christine Ja. Und dann schreib' ich Noten ab, ziemlich viel. –

Theodor Musiknoten? –

Christine Freilich.

Theodor Das muß ja horrend bezahlt werden. *Wie die anderen lachen* Na, ich würde das horrend bezahlen. Ich glaube, Notenschreiben muß eine fürchterliche Arbeit sein!

Mizi Es ist auch ein Unsinn, daß sie sich so plagt. *Zu Christine* Wenn ich so viel Stimme hätte wie du, wär' ich längst beim Theater.

Theodor Du brauchtest nicht einmal Stimme... Du tust natürlich den ganzen Tag gar nichts, was?

Mizi Na, sei so gut! Ich hab' ja zwei kleine Brüder, die in die Schul' gehn, die zieh' ich an in der Früh'; und dann mach' ich die Aufgaben mit ihnen –

Theodor Da ist doch kein Wort wahr.

Mizi Na, wennst mir nicht glaubst! – Und bis zum vorigen Herbst bin ich sogar in einem Geschäft gewesen von acht in der Früh bis acht am Abend –

Theodor *leicht spottend* Wo denn?

Mizi In einem Modistengeschäft. Die Mutter will, daß ich wieder eintrete.

Theodor *wie oben* Warum bist du denn ausgetreten?

Fritz *zu Christine* Du mußt uns dann was vorsingen!

Theodor Kinder, essen wir jetzt lieber, und du spielst dann, Ja?...

Fritz *aufstehend, zu Christine* Komm, Schatz! *Führt sie zum Tisch hin.*

Mizi Der Kaffee! Jetzt geht der Kaffee über, und wir haben noch nichts gegessen!

Theodor Jetzt ist's schon alles eins!

Mizi Aber er geht ja über! *Bläst die Spiritusflamme aus. Man setzt sich zu Tisch.*

Theodor Was willst du haben, Mizi? Das sag' ich dir gleich: Die Torte kommt zuletzt!... Zuerst muß du lauter ganz saure Sachen essen.

Fritz *schenkt den Wein ein.*

Theodor Nicht so: Das macht man jetzt anders. Kennst du nicht die neueste Mode? *Steht auf, affektiert Grandezza, die Flasche in der*

Hand, zu Christine Vöslauer Ausstich achtzehnhundert... *Spricht die nächsten Zahlen unverständlich. Schenkt ein, zu Mizzi* Vöslauer Ausstich achtzehnhundert... *Wie früher. Schenkt ein, zu Fritz* Vöslauer Ausstich achtzehnhundert... *Wie früher. An seinen eigenen Platz* Vöslauer Ausstich... *Wie früher. Setzt sich.*

Mizi *lachend* Alleweil macht er Dummheiten.

Theodor *erhebt das Glas, stoßen an* Prosit!

Mizi Sollst leben, Theodor!...

Theodor *sich erhebend* Meine Damen und Herren...

Fritz Na, nicht gleich!

Theodor *setzt sich* Ich kann ja warten. *Man ißt.*

Mizi Das hab' ich so gern, wenn bei Tisch Reden gehalten werden. Also ich hab' einen Vetter, der redt immer in Reimen.

Theodor Bei was für einem Regiment ist er?...

Mizi Geh, hör auf... Auswendig red't er und mit Reimen, aber großartig, sag' ich dir, Christin'. Und ist eigentlich schon ein älterer Herr.

Theodor O, das kommt vor, daß ältere Herren noch in Reimen reden.

Fritz Aber, ihr trinkt ja gar nicht. Christin'! *Er stößt mit ihr an.*

Theodor *stößt mit Mizi an* Auf die alten Herren, die in Reimen reden.

Mizi *lustig* Auf die jungen Herren, auch wenn sie gar nichts reden... zum Beispiel auf den Herrn Fritz... Sie, Herr Fritz, jetzt trinken wir Bruderschaft, wenn Sie wollen – und die Christin' muß auch mit dem Theodor Bruderschaft trinken.

Theodor Aber nicht mit dem Wein, das ist kein Bruderschaftswein. *Erhebt sich, nimmt eine andere Flasche – gleiches Spiel wie früher* Xeres de la Frontera millehuit cent cinquante – Xeres de la Frontera – Xeres de la Frontera – Xeres de la Frontera.

Mizi *nippt* Ah –

Theodor Kannst du nicht warten, bis wir alle trinken?... Also, Kinder... bevor wir uns so feierlich verbrüdern, wollen wir auf den glücklichen Zufall trinken, der, der... und so weiter...

Mizi Ja, ist schon gut! *Sie trinken.*

Fritz nimmt Mizis, Theodor Christinens Arm, die Gläser in der Hand, wie man Bruderschaft zu trinken pflegt.

Fritz *küßt Mizi.*

Theodor *will Christine küssen.*

Christine *lächelnd* Muß das sein?

Theodor Unbedingt, sonst gilt's nichts... *Küßt sie* So, und jetzt à place!...

Mizi Aber schauerlich heiß wird's in dem Zimmer.

Fritz Das ist von den vielen Lichtern, die der Theodor angezündet hat.

Mizi Und von dem Wein. *Sie lehnt sich in das Fauteuil zurück.*

Theodor Komm nur daher, jetzt kriegst du ja erst das Beste. *Er schneidet ein Stückchen von der Torte ab und steckt's ihr in den Mund* Da, du Katz' – gut?

Mizi Sehr!... *Er gibt ihr noch eins.*

Theodor Geh, Fritz, jetzt ist der Moment! Jetzt könntest du was spielen!

Fritz Willst du, Christin'?

Christine Bitte! –

Mizi Aber was Fesches!

Theodor *füllt die Gläser.*

Mizi Kann nicht mehr. *Trinkt.*

Christine *nippend* Der Wein ist so schwer.

Theodor *auf den Wein weisend* Fritz!

Fritz *leert das Glas, geht zum Klavier.*

Christine *setzt sich zu ihm.*

Mizi Herr Fritz, spielen S' den Doppeladler.

Fritz Den Doppeladler – wie geht der?

Mizi Dori, kannst du nicht den Doppeladler spielen?

Theodor Ich kann überhaupt nicht Klavier spielen.

Fritz Ich kenne ihn ja; er fällt mir nur nicht ein.

Mizi Ich werd' ihn Ihnen vorsingen... La... La... lalalala... la...

Fritz Aha, ich weiß schon. *Spielt aber nicht ganz richtig.*

Mizi *geht zum Klavier* Nein, so... *Spielt die Melodie mit einem Finger.*

Fritz Ja, ja... *Er spielt, Mizi singt mit.*

Theodor Das sind wieder süße Erinnerungen, was?...

Fritz *spielt wieder unrichtig und hält inne* Es geht nicht. Ich hab' gar kein Gehör. *Er phantasiert.*

Mizi *gleich nach dem ersten Takt* Das ist nichts!

Fritz *lacht* Schimpfen Sie nicht, das ist von mir!

Mizi Aber zum Tanzen ist es nicht.

Fritz Probieren Sie nur einmal...

Theodor *zu Mizi* Komm, versuchen wir's. *Er nimmt sie um die Taille, sie tanzen.*

Christine *steht am Klavier und schaut auf die Tasten. Es klingelt.*

Fritz *hört plötzlich auf zu spielen; Theodor und Mizi tanzen weiter.*

Theodor *und* **Mizi** *zugleich* Was ist denn das? – Na!

Fritz Es hat eben geklingelt... *Zu Theodor* Hast du denn noch jemanden eingeladen?

Theodor Keine Idee – du brauchst ja nicht zu öffnen.

Christine *zu Fritz* Was hast du denn?

Fritz Nichts...

Es klingelt wieder.

Fritz *steht auf, bleibt stehen.*

Theodor Du bist einfach nicht zu Hause.

Fritz Man hört ja das Klavierspielen bis auf den Gang... Man sieht auch von der Straße her, daß es beleuchtet ist.

Theodor Was sind denn das für Lächerlichkeiten? Du bist eben nicht zu Haus.

Fritz Es macht mich aber nervös.

Theodor Na, was wird's denn sein? Ein Brief! – Oder ein Telegramm – Du wirst ja um *Auf die Uhr sehend* um neun keinen Besuch bekommen.

Es klingelt wieder.

Fritz Ach was, ich muß doch nachsehn – *Geht hinaus.*

Mizi Aber ihr seid auch gar nicht fesch – *Schlägt ein paar Tasten auf dem Klavier an.*

Theodor Geh, hör jetzt auf! – *Zu Christine* Was haben Sie denn? Macht Sie das Klingeln auch nervös? –

Fritz *kommt zurück, mit erkünstelter Ruhe.*

Theodor *und* **Christine** *zugleich* Na, wer war's? – Wer war's?

Fritz *gezwungen lächelnd* Ihr müßt so gut sein, mich einen Moment zu entschuldigen. Geht unterdessen da hinein.

Theodor Was gibt's denn?

Christine Wer ist's?

Fritz Nichts, Kind, ich habe nur zwei Worte mit einem Herrn zu sprechen... *Hat die Tür zum Nebenzimmer geöffnet, geleitet die Mädchen hinein, Theodor ist der letzte, sieht Fritz fragend an.*

Fritz *leise, mit entsetztem Ausdruck* Er!...

Theodor Ah!...

Fritz Geh hinein, geh hinein. –

Theodor Ich bitt' dich, mach keine Dummheiten, es kann eine Falle sein...

Fritz Geh... geh... – *Theodor ins Nebenzimmer. Fritz geht rasch durchs Zimmer auf den Gang, so daß die Bühne einige Augenblicke leer bleibt. Dann tritt er wieder auf, indem er einen elegant gekleideten Herrn von etwa fünfunddreißig Jahren voraus eintreten* *läßt. – Der Herr ist in gelbem Überzieher, trägt Handschuhe, hält den Hut in der Hand.*

Fritz, der Herr

Fritz *noch im Eintreten* Pardon, daß ich Sie warten ließ... ich bitte...

Der Herr *in ganz leichtem Ton* Oh, das tut nichts. Ich bedaure sehr, Sie gestört zu haben.

Fritz Gewiß nicht. Bitte wollen Sie nicht – *Weist ihm einen Stuhl an.*

Der Herr Ich sehe ja, daß ich Sie gestört habe. Kleine Unterhaltung, wie?

Fritz Ein paar Freunde.

Der Herr *sich setzend, immer freundlich* Maskenscherz wahrscheinlich?

Fritz *befangen* Wieso?

Der Herr Nun, Ihre Freunde haben Damenhüte und Mantillen.

Fritz Nun ja... *Lächelnd* Es mögen ja Freundinnen auch dabei sein... *Schweigen.*

Der Herr Das Leben ist zuweilen ganz lustig... Ja... *Er sieht den andern starr an.*

Fritz *hält den Blick eine Weile aus, dann sieht er weg* ... Ich darf mir wohl die Frage erlauben, was mir die Ehre Ihres Besuches verschafft.

Der Herr Gewiß... *Ruhig* Meine Frau hat nämlich ihren Schleier bei Ihnen vergessen.

Fritz Ihre Frau Gemahlin bei mir?... Ihren... *Lächelnd* Der Scherz ist ein bißchen sonderbar...

Der Herr *plötzlich aufstehend, sehr stark, fast wild, indem er sich mit der einen Hand auf die Stuhllehne stützt* Sie *hat* ihn vergessen.

Fritz *erhebt sich auch, und die beiden stehen einander gegenüber.*

Der Herr *hebt die Faust, als wollte er sie auf Fritz niederfallen lassen; – in Wut und Ekel* Oh...!

Fritz *wehrt ab, geht einen kleinen Schritt nach rückwärts.*

Der Herr *nach einer langen Pause* Hier sind Ihre Briefe. *Er wirft ein Paket, das er aus der Tasche des Überziehers nimmt, auf den Schreibtisch* Ich bitte um die, welche Sie erhalten haben...

Fritz *abwehrende Bewegung.*

Der Herr *heftig, mit Bedeutung* Ich will nicht, daß man sie – *später* bei Ihnen findet.

Fritz *sehr stark* Man wird sie nicht finden.

Der Herr *schaut ihn an. Pause.*

Fritz Was wünschen Sie noch von mir?...

Der Herr *höhnisch* Was ich *noch* wünsche –?

Fritz Ich stehe zu Ihrer Verfügung...

Der Herr *verbeugt sich kühl* Gut. – *Er läßt seinen Blick im Zimmer umhergehen; wie er wieder den gedeckten Tisch, die Damenhüte usw. sieht, geht eine lebhafte Bewegung über sein Gesicht, als wollte es zu einem neuen Ausbruch seiner Wut kommen.*

Fritz *der das bemerkt, wiederholt* Ich bin ganz zu Ihrer Verfügung. – Ich werde morgen bis zwölf Uhr zu Hause sein.

Der Herr *verbeugt sich und wendet sich zum Gehen.*

Fritz *begleitet ihn bis zur Tür, was der Herr abwehrt. Wie er weg ist, geht Fritz zum Schreibtisch, bleibt eine Weile stehen. Dann eilt er zum Fenster, sieht durch eine Spalte, die die Rouleaux gelassen, hinaus, und man merkt, wie er den auf dem Trottoir gehenden Herrn mit den Blicken verfolgt, Dann entfernt er sich vom Fenster, bleibt, eine Sekunde lang zur Erde schauend, stehen; dann geht er zur Tür des Nebenzimmers, öffnet sie zur Hälfte und ruft* Theodor... auf einen Moment.

Fritz, Theodor

Sehr rasch diese Szene.

Theodor *erregt* Nun...

Fritz Er weiß es.

Theodor Nichts weiß er. Du bist ihm sicher hineingefallen. Hast am Ende gestanden. Du bist ein Narr, sag' ich dir... Du bist –

Fritz *auf die Briefe weisend* Er hat mir meine Briefe zurückgebracht.

Theodor *betroffen* Oh... *Nach einer Pause* Ich sag' es immer, man soll nicht Briefe schreiben.

Fritz Er ist es gewesen, heute nachmittags da unten.

Theodor Also was hat's denn gegeben? – So sprich doch.

Fritz Du mußt mir nun einen großen Dienst erweisen, Theodor.

Theodor Ich werde die Sache schon in Ordnung bringen.

Fritz Davon ist hier nicht mehr die Rede.

Theodor Also...

Fritz Es wird für alle Fälle gut sein... *Sich unterbrechend* – aber wir können doch die armen Mädchen nicht so lange warten lassen.

Theodor Die können schon warten. Was wolltest du sagen?

Fritz Es wird gut sein, wenn du heute noch Lensky aufsuchst.

Theodor Gleich, wenn du willst.

Fritz Du triffst ihn jetzt nicht... aber zwischen elf und zwölf kommt er ja sicher ins Kaffeehaus... vielleicht kommt ihr dann beide noch zu mir...

Theodor Geh, so mach doch kein solches Gesicht... in neunundneunzig Fällen von hundert geht die Sache gut aus.

Fritz Es wird dafür gesorgt sein, daß *diese* Sache *nicht* gut ausgeht.

Theodor Aber ich bitt' dich, erinnere dich, im vorigen Jahr, die Affäre zwischen dem Doktor Billinger und dem Herz – das war doch genau dasselbe.

Fritz Laß das, du weißt es selbst – er hätte mich einfach hier in dem Zimmer niederschießen sollen – es wär' aufs gleiche herausgekommen.

Theodor *gekünstelt* Ah, das ist famos! Das ist eine großartige Auffassung... Und wir, der Lensky und ich, wir sind nichts? Du meinst, wir werden es zugeben – –

Fritz Bitt' dich, laß das!... Ihr werdet einfach annehmen, was man proponieren wird.

Theodor Ah! –

Fritz Wozu das alles, Theodor. Als wenn du's nicht wüßtest.

Theodor Unsinn. Überhaupt, das Ganze ist Glückssache... Ebenso gut kannst du ihn...

Fritz *ohne darauf zu hören* Sie hat es geahnt. Wir beide haben es geahnt. Wir haben es gewußt...

Theodor Geh, Fritz...

Fritz *zum Schreibtisch, sperrt die Briefe ein* Was sie in diesem Augenblick nur macht. Ob er sie... Theodor... das mußt du morgen in Erfahrung bringen, was dort geschehen ist.

Theodor Ich werd' es versuchen...

Fritz ... Sieh auch, daß kein überflüssiger Aufschub...

Theodor Vor übermorgen früh wird's ja doch kaum sein können.

Fritz *beinahe angstvoll* Theodor!

Theodor Also... Kopf hoch. – Nicht wahr, auf innere Überzeugungen ist doch auch etwas zu geben – und ich hab' die feste Überzeugung, daß alles... gut ausgeht. *Redet sich in Lustigkeit hinein* Ich weiß selbst nicht warum, aber ich hab' einmal die Überzeugung!

Fritz *lächelnd* Was bist du für ein guter Kerl! – Aber was sagen wir nur den Mädeln?

Theodor Das ist wohl sehr gleichgültig. Schicken wir sie einfach weg.

Fritz Oh nein. Wir wollen sogar möglichst lustig sein. Christine darf gar nichts ahnen. Ich will mich wieder zum Klavier setzen; ruf du sie indessen herein. *Theodor wendet sich, unzufriedenen Gesichts, das zu tun* Und was wirst du ihnen sagen?

Theodor Daß sie das gar nichts angeht.

Fritz *der sich zum Klavier gesetzt hat, sich nach ihm umwendend* Nein, nein –

Theodor Daß es sich um einen Freund handelt – das wird sich schon finden.

Fritz *spielt ein paar Töne.*

Theodor Bitte, meine Damen. *Hat die Tür geöffnet.*

Fritz, Theodor, Christine, Mizi

Mizi Na endlich! Ist der schon fort?

Christine *zu Fritz eilend* Wer war bei dir, Fritz?

Fritz *am Klavier, weiterspielend* Ist schon wieder neugierig.

Christine Ich bitt' dich, Fritz, sag's mir.

Fritz Schatz, ich kann's dir nicht sagen, es handelt sich wirklich um Leute, die du gar nicht kennst.

Christine *schmeichelnd* Geh, Fritz, sag' mir die Wahrheit!

Theodor Sie läßt dich natürlich nicht in Ruh'... Daß du ihr nichts sagst! Du hast's *ihm* versprochen!

Mizi Geh, sei doch nicht so fad, Christin', laß ihnen die Freud'! Sie machen sich eh' nur wichtig!

Theodor Ich muß den Walzer mit Fräulein Mizi zu Ende tanzen. *Mit der Betonung eines Clowns* Bitte, Herr Kapellmeister – eine kleine Musik.

Fritz *spielt. Theodor und Mizi tanzen; nach wenigen Takten:*

Mizi Ich kann nicht! *Sie fällt in einen Fauteuil zurück.*

Theodor *küßt sie, setzt sich auf die Lehne des Fauteuils zu ihr.*

Fritz *bleibt am Klavier, nimmt Christine bei beiden Händen, sieht sie an.*

Christine *wie erwachend* Warum spielst du nicht weiter?

Fritz *lächelnd* Genug für heut...

Christine Siehst du, so möcht' ich spielen können...

Fritz Spielst du viel?...

Christine Ich komme nicht viel dazu; im Haus ist immer was zu tun. Und dann, weißt, wir haben ein so schlechtes Pianino.

Fritz Ich möcht's wohl einmal versuchen. Ich möcht' überhaupt gern dein Zimmer einmal sehn.

Christine *lächelnd* 's ist nicht so schön wie bei dir!...

Fritz Und *noch* eins möcht' ich: Daß du mir einmal viel von dir erzählst... recht viel... ich weiß eigentlich so wenig von dir.

Christine Ist wenig zu erzählen. – Ich hab' auch keine Geheimnisse – wie wer anderer...

Fritz Du hast noch keinen lieb gehabt?

Christine *sieht ihn nur an.*

Fritz *küßt ihr die Hände.*

Christine Und werd' auch nie wen andern lieb haben...

Fritz *mit fast schmerzlichem Ausdruck* Sag das nicht... sag's nicht... was weißt du denn?... Hat dich dein Vater sehr gern, Christin'? –

Christine O Gott!... Es war auch eine Zeit, wo ich ihm alles erzählt hab'. –

Fritz Na, Kind, mach dir nur keine Vorwürfe... Ab und zu hat man halt Geheimnisse – das ist der Lauf der Welt.

Christine ... Wenn ich nur wüßte, daß du mich gern hast – da wär' ja alles ganz gut.

Fritz Weißt du's denn nicht?

Christine Wenn du immer in dem Ton zu mir reden möchtest, ja dann...

Fritz Christin'! Du sitzt aber recht unbequem.

Christine Ach laß nur – es ist da ganz gut. *Sie legt den Kopf aufs Klavier.*

Fritz *steht auf und streichelt ihr die Haare.*

Christine O, das ist gut.

Stille im Zimmer.

Theodor Wo sind die Zigarren, Fritz? –

Fritz *kommt zu ihm hin, der bei der Kredenz steht und schon gesucht hat.*

Mizi *ist eingeschlummert.*

Fritz *reicht ihm ein Zigarrenkistchen.* Und der schwarze Kaffee! *Er schenkt zwei Tassen ein.*

Theodor Kinder, wollt ihr nicht auch schwarzen Kaffee haben?

Fritz Mizi, soll ich dir eine Tasse...

Theodor Lassen wir sie schlafen... – Du, trink übrigens keinen Kaffee heut. Du solltest dich möglichst bald zu Bette legen und schauen, daß du ordentlich schläfst.

Fritz *sieht ihn an und lacht bitter.*

Theodor Na ja, jetzt stehn die Dinge nun einmal so wie sie stehn... und es handelt sich jetzt nicht darum, so großartig oder so tiefsinnig, sondern so vernünftig zu sein als möglich... darauf kommt es an... in solchen Fällen.

Fritz Du kommst noch heute nacht mit Lensky zu mir, ja?...

Theodor Das ist ein Unsinn. Morgen früh ist Zeit genug.

Fritz Ich bitt' dich drum.

Theodor Also schön...

Fritz Begleitest du die Mädeln nach Hause?

Theodor Ja, und zwar sofort... Mizi!... Erhebe dich!

Mizi Ihr trinkt da schwarzen Kaffee –! Gebt's mir auch einen!

Theodor Da hast du, Kind...

Fritz *zu Christine hin* Bist müd', mein Schatz?...

Christine Wie lieb das ist, wenn du so sprichst.

Fritz Sehr müd'? –

Christine *lächelnd* – Der Wein. – Ich hab' auch ein bissel Kopfweh...

Fritz Na, in der Luft wird dir das schon vergehn!

Christine Gehn wir schon? – Begleitest du uns?

Fritz Nein, Kind. Ich bleib' jetzt schon zu Haus... Ich hab' noch einiges zu tun.

Christine *der wieder die Erinnerung kommt* Jetzt... Was hast du denn jetzt zu tun? –

Fritz *beinahe streng* Du, Christin', das mußt du dir abgewöhnen! – *Mild* Ich bin nämlich wie zerschlagen... wir sind heut, der Theodor und ich, draußen auf dem Land zwei Stunden herumgelaufen –

Theodor Ah, das war entzückend. Nächstens fahren wir alle zusammen hinaus aufs Land.

Mizi Ja, das ist fesch! Und ihr zieht euch die Uniform dazu an.

Theodor Das ist doch wenigstens Natursinn!

Christine Wann sehen wir uns denn wieder?

Fritz *etwas nervös* Ich schreib's dir schon.

Christine *traurig* Leb wohl. *Wendet sich zum Gehen.*

Fritz *bemerkt ihre Traurigkeit Morgen* sehn wir uns, Christin'.

Christine *froh* Ja?

Fritz In dem Garten... dort bei der Linie wie neulich... um – sagen wir, um sechs Uhr... Ja? Ist's dir recht?

Christine *nickt.*

Mizi *zu Fritz* Gehst mit uns, Fritz?

Theodor Die hat ein Talent zum Dusagen

Fritz Nein, ich bleib' schon zu Haus.

Mizi Der hat's gut! Was wir noch für einen Riesenweg nach Haus haben...

Fritz Aber, Mizi, du hast ja beinah' die ganze gute Torte stehen lassen. Wart, ich pack' sie dir ein – ja?

Mizi *zu Theodor* Schickt sich das?

Fritz *schlägt die Torte ein.*

Christine Die ist wie ein kleines Kind...

Mizi *zu Fritz* Wart, dafür helf ich dir die Lichter auslöschen. *Löscht ein Licht nach dem andern aus, das Licht auf dem Schreibtisch bleibt.*

Christine Soll ich dir nicht das Fenster aufmachen? – Es ist so schwül. *Sie öffnet das Fenster, Blick auf das gegenüberliegende Haus.*

Fritz So, Kinder. Jetzt leucht' ich euch.

Mizi Ist denn schon ausgelöscht auf der Stiege?

Theodor Na, selbstverständlich.

Christine Ah, die Luft ist gut, die da hereinkommt!...

Mizi Mailüfterl... *bei der Tür, Fritz hat den Leuchter in der Hand* Also, wir danken für die freundliche Aufnahme!

Theodor *sie drängend* Geh, geh, geh, geh...

Fritz *geleitet die andern hinaus. Die Tür bleibt offen, man hört die Personen draußen reden. Man hört die Wohnungstür aufschließen.*

Mizi Also pah! –

Theodor Gib acht, da sind Stufen.

Mizi Danke schön für die Torte...

Theodor Pst, du weckst ja die Leute auf! –

Christine Gute Nacht!

Theodor Gute Nacht!

Man hört, wie Fritz die Türe draußen schließt und versperrt. Während er hereintritt und das Licht auf den Schreibtisch stellt, hört man das Haustor unten öffnen und schließen.

Fritz *geht zum Fenster und grüßt hinunter.*

Christine *von der Straße* Gute Nacht!

Mizi *ebenso, übermütig* Gute Nacht, du mein herziges Kind...

Theodor *scheltend* Du, Mizi...

Man hört seine Worte, ihr Lachen, die Schritte verklingen. Theodor pfeift die Melodie des „Doppeladlers", die am spätesten verklingt. Fritz sieht noch ein paar Sekunden hinaus, dann sinkt er au den Fauteuil neben dem Fenster.

Vorhang

Zweiter Akt

Zimmer Christinens. Bescheiden und nett.

Christine *kleidet sich eben zum Weggehen an.* **Katharina** *tritt auf, nachdem sie draußen angeklopft hat.*

Katharina Guten Abend, Fräulein Christin'.

Christine *die vor dem Spiegel steht, wendet sich um* Guten Abend.

Katharina Sie wollen grad' weggehn?

Christine Ich hab's nicht so eilig.

Katharina Ich komm' nämlich von meinem Mann, ob Sie mit uns nachtmahlen gehen wollen in' Lehnergarten, weil heut dort Musik ist.

Christine Danke sehr, Frau Binder... Ich kann heut nicht... ein anderes Mal, ja? – Aber Sie sind nicht bös?

Katharina Keine Spur... warum denn? Sie werden sich schon besser unterhalten können als mit uns.

Christine *Blick.*

Katharina Der Vater ist schon im Theater?...

Christine O nein; er kommt noch früher nach Haus. Jetzt fangt's ja erst um halb acht an!

Katharina Richtig, das vergess' ich alleweil. Da werd' ich gleich auf ihn warten, weil ich ihn schon lang bitten möcht' wegen Freikarten zu dem neuen Stück... Jetzt wird man s' doch schon kriegen?...

Christine Freilich... es geht ja jetzt keiner mehr hinein, wenn einmal die Abende so schön werden.

Katharina Unsereins kommt ja sonst gar nicht dazu... wenn man nicht zufällig Bekannte bei einem Theater hat... Aber halten Sie sich meinetwegen nicht auf, Fräulein Christin', wenn Sie wegmüssen. Meinem Mann wird's freilich sehr leid sein... und noch wem andern auch...

Christine Wem?

Katharina Der Cousin vom Binder ist mit, natürlich... Wissen Sie, Fräulein Christin', daß er jetzt fix angestellt ist?

Christine *gleichgültig* Ah. –

Katharina Und mit einem ganz schönen Gehalt. Und so ein honetter junger Mensch. Und eine Verehrung hat er für Sie –

Christine Also – auf Wiedersehn, Frau Binder.

Katharina Dem könnt' man von Ihnen erzählen, was man will – der möcht' kein Wort glauben...

Christine *Blick.*

Katharina Es gibt schon solche Männer...

Christine Adieu, Frau Binder.

Katharina Adieu... *Nicht zu boshaft im Ton* Daß Sie nur zum Rendezvous nicht zu spät kommen, Fräul'n Christin'!

Christine Was wollen Sie eigentlich von mir?

Katharina Aber nichts, Sie haben ja recht! Man ist ja nur einmal jung.

Christine Adieu.

Katharina Aber einen Rat, Fräulein Christin', möcht' ich Ihnen doch geben: Ein bissel vorsichtiger sollten Sie sein!

Christine Was heißt denn das?

Katharina Schaun Sie – Wien ist ja eine so große Stadt... Müssen Sie sich Ihre Rendezvous grad hundert Schritt weit vom Haus geben?

Christine Das geht wohl niemanden was an.

Katharina Ich hab's gar nicht glauben wollen, wie mir's der Binder erzählt hat. Der hat Sie nämlich gesehn... Geh, hab' ich ihm gesagt, du wirst dich verschaut haben. Das Fräulein Christin', die ist keine Person, die mit eleganten jungen Herren am Abend spazierengeht, und wenn schon, so wird's doch so gescheit sein und nicht grad in unserer Gassen! Na, sagt er, kannst sie ja selber fragen! Und, sagt er, ein Wunder ist's ja nicht – zu uns kommt sie gar nimmermehr; aber dafür läuft sie in einer Tour mit der Schlager Mizi herum, ist das eine Gesellschaft für ein anständiges junges Mädel? – Die Männer sind ja so ordinär, Fräul'n Christin'! – Und dem Franz hat er's natürlich auch gleich erzählen müssen, aber der ist schön bös worden – und für die Fräul'n Christin' legt er die Hand ins Feuer, und wer was über sie sagt, der hat's mit ihm zu tun. Und wie Sie so für's Häusliche sind und wie lieb Sie alleweil mit der alten Fräul'n Tant' gewesen sind – Gott schenk' ihr die ewige Ruh – und wie bescheiden und wie eingezogen als Sie leben und so weiter... *Pause* Vielleicht kommen S' doch mit zur Musik?

Christine Nein...

Katharina, **Christine**; **Weiring** *tritt auf. Er hat einen Fliederzweig in der Hand.*

Weiring Guten Abend... Ah, die Frau Binder. Wie geht's Ihnen denn?

Katharina Dank' schön.

Weiring Und das Linerl? – Und der Herr Gemahl?...

Katharina Alles gesund, Gott sei Dank.

Weiring Na, das ist schön. – *Zu Christine* Du bist noch zu Haus bei dem schönen Wetter –?

Christine Grad hab' ich fortgehn wollen.

Weiring Das ist gescheit! – Eine Luft ist heut draußen, was, Frau Binder, das ist was Wunderbar's. Ich bin jetzt durch den Garten bei der Linie gegangen – da blüht der Flieder – es ist eine Pracht! Ich hab' mich auch einer Übertretung schuldig gemacht! *Gibt den Fliederzweig der Christine.*

Christine Dank' dir, Vater.

Katharina Sein S' froh, daß Sie der Wächter nicht erwischt hat.

Weiring Gehn S' einmal hin, Frau Binder – es riecht noch genau so gut dort, als wenn ich das Zweigerl nicht abgepflückt hätt'.

Katharina Wenn sich das aber alle dächten –

Weiring Das wär' freilich g'fehlt!

Christine Adieu, Vater!

Weiring Wenn du ein paar Minuten warten möchtest, so könntest du mich zum Theater hinbegleiten.

Christine Ich... ich hab' der Mizi versprochen, daß ich sie abhol'...

Weiring Ah so. – Ist auch gescheiter. Jugend gehört zur Jugend. Adieu, Christin'...

Christine *küßt ihn. Dann* Adieu, Frau Binder! – *Ab; Weiring sieht ihr zärtlich nach.*

Katharina, Weiring

Katharina Das ist ja jetzt eine sehr intime Freundschaft mit der Fräul'n Mizi.

Weiring Ja. – Ich bin wirklich froh, daß die Tini eine Ansprach' hat und nicht in einem fort zu Hause sitzt. Was hat denn das Mädel eigentlich von ihrem Leben!...

Katharina Ja freilich.

Weiring Ich kann Ihnen gar nicht sagen, Frau Binder, wie weh mir's manchmal tut, wenn ich so nach Haus komm', von der Prob' – und sie sitzt da und näht – und nachmittags kaum stehn wir vom Tisch auf, so setzt sie sich schon wieder hin und schreibt ihre Noten...

Katharina Naja, die Millionäre haben's freilich besser wie unsereins. Aber was ist denn eigentlich mit ihrem Singen?

Weiring Das heißt nicht viel. Fürs Zimmer reicht die Stimme ja aus, und für ihren Vater singt sie schön genug – aber leben kann man davon nicht.

Katharina Das ist aber schad'.

Weiring Ich bin froh, daß sie's selber einsieht.
Werden *ihr* wenigstens die Enttäuschungen erspart bleiben. – Zum Chor von unserm Theater könnt' ich sie natürlich bringen –

Katharina Freilich, mit *der* Figur!

Weiring Aber da sind ja gar keine Aussichten.

Katharina Man hat wirklich Sorgen mit einem Mädel! Wenn ich denk', daß meine Linerl in fünf, sechs Jahren auch eine große Fräul'n ist –

Weiring Aber was setzen Sie sich denn nicht, Frau Binder?

Katharina Oh, ich dank' schön, mein Mann holt mich gleich ab – ich bin ja nur heraufgekommen, die Christin' einladen!...

Weiring Einladen –?

Katharina Ja, zur Musik im Lehnergarten. Ich hab' mir auch gedacht, daß sie das ein bissel aufheitern wird – sie braucht's ja wirklich.

Weiring Könnt' ihr wahrhaftig nicht schaden – besonders nach dem traurigen Winter. Warum geht sie denn nicht mit Ihnen –?

Katharina Ich weiß nicht... Vielleicht weil der Cousin vom Binder mit ist.

Weiring Ah, schon möglich. Den kann s' nämlich nicht ausstehn. Das hat sie mir selber erzählt.

Katharina Ja warum denn nicht? Der Franz ist ein sehr anständiger Mensch – jetzt ist er sogar fix angestellt, das ist doch heutzutag ein Glück für ein...

Weiring Für ein... armes Mädel –

Katharina Für ein jedes Mädel ist das ein Glück.

Weiring Ja, sagen Sie mir, Frau Binder, ist denn so ein blühendes Geschöpf wirklich zu nichts anderem da als für so einen anständigen Menschen, der zufällig eine fixe Anstellung hat?

Katharina Ist doch das Gescheiteste! Auf einen Grafen kann man ja doch nicht warten, und wenn einmal einer kommt, so empfiehlt er sich dann gewöhnlich, ohne daß er einen geheiratet hat... *Weiring ist beim Fenster. Pause* Na ja... Deswegen sag' ich auch immer, man kann bei einem jungen Mädel nicht vorsichtig genug sein – besonders mit dem Umgang –

Weiring Ob's nun dafür steht, seine jungen Jahre so einfach zum Fenster hinauszuwerfen? – Und was hat denn so ein armes Geschöpf schließlich von ihrer ganzen Bravheit, wenn schon – nach jahrelangem Warten – richtig der Strumpfwirker kommt!

Katharina Herr Weiring, wenn mein Mann auch ein Strumpfwirker ist, er ist ein honetter und ein braver Mann, über den ich mich nie zu beklagen gehabt hab'...

Weiring *begütigend* Aber, Frau Binder – geht denn das auf Sie!... Sie haben ja auch Ihre Jugend nicht zum Fenster hinausgeworfen.

Katharina Ich weiß von der Zeit nichts mehr.

Weiring Sagen S' das nicht – Sie können mir jetzt erzählen, was Sie wollen – die Erinnerungen sind doch das Beste, was Sie von Ihrem Leben haben.

Katharina Ich hab' gar keine Erinnerungen.

Weiring Na, na...

Katharina Und was bleibt denn übrig, wenn eine schon solche Erinnerungen hat, wie Sie meinen?... Die Reu.

Weiring Na, und was bleibt denn übrig – wenn sie – nicht einmal was zum Erinnern hat –? Wenn das ganze Leben nur so vorbeigegangen ist *Sehr einfach, nicht pathetisch* ein Tag wie der andere, ohne Glück und ohne Liebe – dann ist's vielleicht besser?

Katharina Aber, Herr Weiring, denken Sie doch nur an das alte Fräul'n – an Ihre Schwester!... Aber es tut Ihnen noch weh, wenn man von ihr red't, Herr Weiring...

Weiring Es tut mir noch weh, ja...

Katharina Freilich... wenn zwei Leut' so aneinander gehängt haben... ich hab's immer gesagt, so einen Bruder wie Sie find't man nicht bald.

Weiring *abwehrende Bewegung.*

Katharina Es ist ja wahr. Sie haben ihr doch als ein ganz junger Mensch Vater und Mutter ersetzen müssen.

Weiring Ja, ja –

Katharina Das muß ja doch wieder eine Art Trost sein. Wenn man so weiß, daß man immer der Wohltäter und Beschützer von so einem armen Geschöpf gewesen ist –

Weiring Ja, das hab' ich mir früher auch eingebildet – wie sie noch ein schönes junges Mädel war – und bin mir selber weiß Gott wie gescheit und edel vorgekommen. Aber dann, später, wie so langsam die grauen Haar' gekommen sind und die Runzeln, und es ist ein Tag um den andern hingegangen – und die ganze Jugend –

und das junge Mädel ist so allmählich – man merkt ja so was kaum – das alte Fräulein geworden, – da hab' ich erst zu spüren angefangen, was ich eigentlich getan hab'!

Katharina Aber, Herr Weiring –

Weiring Ich seh' sie ja noch vor mir, wie sie mir oft gegenübergesessen ist am Abend, bei der Lampe, in dem Zimmer da, und hat mich so angeschaut mit ihrem stillen Lächeln, mit dem gewissen gottergebenen, – als wollt' sie mir noch für was danken; – und ich – ich hätt' mich ja am liebsten vor ihr auf die Knie hingeworfen, sie um Verzeihung bitten, daß ich sie so gut behütet hab' vor allen Gefahren – und vor allem Glück! *Pause.*

Katharina Und es wär' doch manche froh, wenn sie immer so einen Bruder an der Seite gehabt hätt'... und nichts zu bereuen...

Katharina, **Weiring**; **Mizi** *tritt ein.*

Mizi Guten Abend!... Da ist aber schon ganz dunkel... man sieht ja gar nichts mehr. – Ah, die Frau Binder. Ihr Mann ist unten, Frau Binder, und wart' auf Sie... Ist die Christin' nicht zu Haus?...

Weiring Sie ist vor einer Viertelstunde weggegangen.

Katharina Haben Sie sie denn nicht getroffen? Sie hat ja mit Ihnen ein Rendezvous gehabt?

Mizi Nein... wir haben uns jedenfalls verfehlt... Sie gehn mit Ihrem Mann zur Musik, hat er mir gesagt –?

Katharina Ja, er schwärmt so viel dafür. Aber hören Sie, Fräulein Mizi, Sie haben ein reizendes Hüterl auf. Neu, was?

Mizi Aber keine Spur. – Kennen Sie denn die Form nimmer? Vom vorigen Frühjahr; nur aufgeputzt ist er neu.

Katharina Selber haben Sie sich ihn neu aufgeputzt?

Mizi Na, freilich.

Weiring So geschickt!

Katharina Natürlich – ich vergess' immer, daß Sie ein Jahr lang in einem Modistengeschäft waren.

Mizi Ich werd' wahrscheinlich wieder in eins gehn. Die Mutter will's haben – da kann man nichts machen.

Katharina Wie geht's denn der Mutter?

Mizi Na gut – ein bissel Zahnweh hat s' – aber der Doktor sagt, es ist nur rheumatisch...

Weiring Ja, jetzt ist es aber für mich die höchste Zeit...

Katharina Ich geh' gleich mit Ihnen hinunter, Herr Weiring...

Mizi Ich geh' auch mit... Aber nehmen Sie sich doch den Überzieher, Herr Weiring, es wird später noch recht kühl.

Weiring Glauben Sie?

Katharina Freilich... Wie kann man denn so unvorsichtig sein.

Vorige – Christine

Mizi Da ist sie ja...

Katharina Schon zurück vom Spaziergang?

Christine Ja. Grüß dich Gott, Mizi... Ich hab' so Kopfweh... *Setzt sich.*

Weiring Wie?...

Katharina Das ist wahrscheinlich von der Luft...

Weiring Geh, was hast denn, Christin'!... Bitt' Sie, Fräulein Mizi, zünden S' die Lampe an.

Mizi *macht sich bereit.*

Christine Aber das kann ich ja selber.

Weiring Ich möcht' dein Gesicht sehn, Christin'!...

Christine Aber Vater, es ist ja gar nichts, es ist gewiß von der Luft draußen.

Katharina Manche Leut' können grad das Frühjahr nicht vertragen.

Weiring Nicht wahr, Fräulein Mizi, Sie bleiben noch bei der Christin'?

Mizi Freilich bleib' ich da...

Christine Aber es ist ja gar nichts, Vater.

Mizi Meine Mutter macht nicht so viel Geschichten mit mir, wenn ich Kopfweh hab'...

Weiring *zu Christine, die noch sitzt* Bist du so müd?...

Christine *vom Sessel aufstehend* Ich steh' schon wieder auf. *Lächelt.*

Weiring So – jetzt schaust du schon wieder ganz anders aus. – *Zu Katharina* Ganz anders schaut sie aus, wenn sie lacht, was...? Also Adieu, Christin'... *Küßt sie.* Und daß der Kopf nimmer weh tut, wenn ich nach Haus komm'!... *Ist bei der Tür.*

Katharina *leise zu Christine* Habt's ihr euch gezankt?

Unwillige Bewegung Christinens.

Weiring *bei der Tür* Frau Binder...

Mizi Adieu!...

Weiring und Katharina ab.

Mizi, Christine

Mizi Weißt, woher die Kopfweh kommen? Von dem süßen Wein gestern. Ich wunder' mich so, daß ich gar nichts davon gespürt hab'... Aber lustig ist's gewesen, was...?

Christine *nickt.*

Mizi Sind sehr fesche Leut', beide – kann man gar nichts sagen, was? – Und schön eingerichtet ist der Fritz, wirklich prachtvoll! Beim Dori... *Unterbricht sich* Ah nichts... – Geh, hast noch immer so starke Kopfschmerzen? Warum red'st denn nichts?... Was hast denn?...

Christine Denk dir – er ist nicht gekommen.

Mizi Er hat dich aufsitzen lassen? Das geschieht dir recht!

Christine Ja, was heißt denn das? Was hab' ich denn getan? –

Mizi Verwöhnen tust du ihn, zu gut bist du zu ihm. Da muß ja ein Mann arrogant werden.

Christine Aber du weißt ja nicht, was du sprichst.

Mizi Ich weiß ganz gut, was ich red'. – Schon die ganze Zeit ärger' ich mich über dich. Er kommt zu spät zu den Rendezvous, er begleit' dich nicht nach Haus, er setzt sich zu fremden Leuten in die Log' hinein, er laßt dich einfach aufsitzen – das laßt du dir alles ruhig gefallen und schaust ihn noch dazu *Sie parodierend* mit so verliebten Augen an. –

Christine Geh, sprich nicht so, stell dich doch nicht schlechter als du bist. Du hast ja den Theodor auch gern.

Mizi Gern – freilich hab' ich ihn gern. Aber das erlebt der Dori nicht, und das erlebt überhaupt kein Mann mehr, daß ich mich um ihn kränken tät' – das sind sie alle zusamm' nicht wert, die Männer.

Christine Nie hab' ich dich so reden gehört, nie! –

Mizi Ja, Tinerl – früher haben wir doch überhaupt nicht so miteinander gered't. – Ich hab' mich ja gar nicht getraut. Was glaubst denn, was ich für einen Respekt vor dir gehabt hab'!... Aber siehst, das hab' ich mir immer gedacht: Wenn's einmal über dich kommt, wird's dich ordentlich haben. Das erste Mal beutelt's einen schon zusammen! – Aber dafür kannst du auch froh sein, daß du bei deiner ersten Liebe gleich eine so gute Freundin zum Beistand hast.

Christine Mizi!

Mizi Glaubst mir's nicht, daß ich dir eine gute Freundin bin? Wenn ich nicht da bin und dir sag': Kind, er ist ein Mann wie die andern und alle zusammen sind's nicht eine böse Stund' wert, so setzt du dir weiß Gott was für Sachen in den Kopf. Ich sag's aber immer: Den Männern soll man überhaupt kein Wort glauben.

Christine Was red'st du denn – die Männer – was gehn mich denn die Männer an! – Ich frag' ja nicht nach den anderen. – In meinem ganzen Leben werd' ich nach keinem andern fragen!

Mizi ... Ja, was glaubst du denn eigentlich... hat er dir denn...? Freilich – es ist schon alles vorgekommen; aber da hättest du die Geschichte anders anfangen müssen...

Christine Schweig endlich!

Mizi Na, was willst denn von mir? Ich kann ja nichts dafür – das muß man sich früher überlegen. Da muß man halt warten, bis einer kommt, dem man die ernsten Absichten gleich am Gesicht ankennt...

Christine Mizi, ich kann solche Worte heute nicht vertragen, sie tun mir weh.

Mizi *gutmütig* Na, geh –

Christine Laß mich lieber... sei nicht bös... laß mich lieber allein!

Mizi Warum soll ich denn bös sein? Ich geh' schon. Ich hab' dich nicht kränken wollen, Christin', wirklich... *Wie sie sich zum Gehen wendet* Ah, der Herr Fritz.

Vorige – **Fritz** *ist eingetreten.*

Fritz Guten Abend!

Christine *aufjubelnd* Fritz, Fritz! *Ihm entgegen, in seine Arme.*

Mizi *schleicht sich hinaus, mit einer Miene, die ausdrückt: Da bin ich überflüssig.*

Fritz *sich losmachend* Aber –

Christine Alle sagen, daß du mich verlassen wirst! Nicht wahr, du tust es nicht – jetzt noch nicht – jetzt noch nicht...

Fritz Wer sagt denn das?... Was hast du denn... *Sie streichelnd* Aber Schatz... Ich hab' mir eigentlich gedacht, daß du recht erschrecken wirst, wenn ich plötzlich da hereinkomme.

Christine Oh – daß du nur da bist!

Fritz Geh, so beruhig' dich doch – hast du lang auf mich gewartet?

Christine Warum bist du denn nicht gekommen?

Fritz Ich bin aufgehalten worden, hab' mich verspätet. Jetzt bin ich im Garten gewesen und hab' dich nicht gefunden – und hab' wieder nach Haus gehen wollen. Aber plötzlich hat mich eine solche Sehnsucht gepackt, eine solche Sehnsucht nach diesem lieben süßen Gesichtel...

Christine *glücklich* Is' wahr?

Fritz Und dann hab' ich auch plötzlich eine so unbeschreibliche Lust bekommen zu sehen, wo du eigentlich wohnst – ja im Ernst – ich hab' das einmal sehen *müssen* – und da hab' ich's nicht ausgehalten und bin da herauf... es ist dir also nicht unangenehm?

Christine O Gott!

Fritz Es hat mich niemand gesehn – und daß dein Vater im Theater ist, hab' ich ja gewußt.

Christine Was liegt mir an den Leuten!

Fritz Also da –? *Sieht sich im Zimmer um* Das also ist dein Zimmer? Sehr hübsch...

Christine Du siehst ja gar nichts. *Will den Schirm von der Lampe nehmen.*

Fritz Nein, laß nur, das blendet mich, ist besser so... Also da? Das ist das Fenster, von dem du mir erzählt hast, an dem du immer arbeitest, was? – Und die schöne Aussicht! *Lächelnd* Über wieviel Dächer man da sieht... Und da drüben – ja, was ist denn das, das Schwarze, das man da drüben sieht?

Christine Das ist der Kahlenberg!

Fritz Richtig! Du hast's eigentlich schöner als ich.

Christine Oh!

Fritz Ich möchte gern so hoch wohnen, über alle Dächer sehn, ich finde das sehr schön. Und auch still muß es in der Gasse sein?

Christine Ach, bei Tag ist Lärm genug.

Fritz Fährt denn da je ein Wagen vorbei?

Christine Selten, aber gleich im Haus drüben ist eine Schlosserei.

Fritz O, das ist sehr unangenehm. *Er hat sich niedergesetzt.*

Christine Das gewöhnt man! Man hört's gar nicht mehr.

Fritz *steht rasch wieder auf* Bin ich wirklich zum erstenmal da –? Es kommt mir alles so bekannt vor!... Genau so hab' ich mir's eigentlich vorgestellt. *Wie er Miene macht, sich näher im Zimmer umzusehn:*

Christine Nein, anschaun darfst du dir da nichts. –

Fritz Was sind denn das für Bilder?...

Christine Geh!...

Fritz Ah, die möcht' ich mir ansehn. *Er nimmt die Lampe und beleuchtet die Bilder.*

Christine... Abschied – und Heimkehr!

Fritz Richtig – Abschied und Heimkehr!

Christine Ich weiß schon, daß die Bilder nicht schön sind. – Beim Vater drin hängt eins, das ist viel besser.

Fritz Was ist das für ein Bild?

Christine Das ist ein Mädel, die schaut zum Fenster hinaus, und draußen, weißt, ist der Winter – und das heißt „Verlassen". –

Fritz So... *Stellt die Lampe hin* Ah, und da ist deine Bibliothek. *Setzt sich neben die kleine Bücherstellage.*

Christine Die schau' dir lieber nicht an –

Fritz Warum denn? Ah! – Schiller... Hauff... Das Konversationslexikon... Donnerwetter! –

Christine Geht nur bis zum G...

Fritz *lächelnd* Ach so... Das Buch für Alle... Da schaust du dir die Bilder drin an, was?

Christine Natürlich hab' ich mir die Bilder angeschaut.

Fritz *noch sitzend* – Wer ist denn der Herr da auf dem Ofen?

Christine *belehrend* Das ist doch der Schubert.

Fritz *aufstehend* Richtig –

Christine Weil ihn der Vater so gern hat. Der Vater hat früher auch einmal Lieder komponiert, sehr schöne.

Fritz Jetzt nimmer?

Christine Jetzt nimmer. *Pause.*

Fritz *setzt sich* So gemütlich ist es da! –

Christine Gefällt's dir wirklich?

Fritz Sehr... Was ist denn das? *Nimmt eine Vase mit Kunstblumen, die auf dem Tisch steht.*

Christine Er hat schon wieder was gefunden!...

Fritz Nein, Kind, das gehört nicht da herein... das sieht verstaubt aus.

Christine Die sind aber gewiß nicht verstaubt.

Fritz Künstliche Blumen sehen immer verstaubt aus... In deinem Zimmer müssen wirkliche Blumen stehn, die duften und frisch sind. Von jetzt an werde ich dir... *Unterbricht sich, wendet sich ab, um seine Bewegung zu verbergen.*

Christine Was denn? Was wolltest du denn sagen?

Fritz Nichts, nichts

Christine *steht auf, zärtlich* Was? –

Fritz Daß ich dir morgen frische Blumen schicken werde, hab' ich sagen wollen...

Christine Na, und reut's dich schon? – Natürlich! Morgen denkst du ja nicht mehr an mich.

Fritz *abwehrende Bewegung.*

Christine Gewiß, wenn du mich nicht siehst, denkst du nicht an mich.

Fritz Aber was red'st du denn?

Christine O ja, ich weiß es. Ich spür's ja.

Fritz Wie kannst du dir das nur einbilden.

Christine Du selbst bist schuld daran. Weil du immer Geheimnisse vor mir hast!... Weil du mir gar nichts von dir erzählst. – Was tust du so den ganzen Tag?

Fritz Aber Schatz, das ist ja sehr einfach. Ich geh' in Vorlesungen – zuweilen – dann geh' ich ins Kaffeehaus... dann les' ich... manchmal spiel' ich auch Klavier – dann plauder' ich mit dem oder jenem – dann mach' ich Besuche... das ist doch alles ganz belanglos. Es ist ja langweilig, davon zu reden. – Jetzt muß ich übrigens gehn, Kind...

Christine Jetzt schon –

Fritz Dein Vater wird ja bald da sein.

Christine Noch lange nicht, Fritz. – Bleib noch – eine Minute bleib noch –

Fritz Und dann hab' ich... der Theodor erwartet mich... ich hab' mit ihm noch was zu sprechen.

Christine Heut?

Fritz Gewiß heut.

Christine Wirst ihn morgen auch sehn!

Fritz Ich bin morgen vielleicht gar nicht in Wien.

Christine Nicht in Wien? –

Fritz *ihre Ängstlichkeit bemerkend, ruhig – heiter* Nun ja, das kommt ja vor! Ich fahr' übern Tag weg – oder auch über zwei, du Kind.

Christine Wohin?

Fritz Wohin!... Irgendwohin – Ach Gott, so mach' doch kein solches Gesicht... Aufs Gut fahr' ich zu meinen Eltern... na... ist das auch unheimlich?

Christine Auch von denen, schau, erzählst du mir nie!

Fritz Nein, was du für ein Kind bist... Du verstehst gar nicht, wie schön das ist, daß wir so vollkommen mit uns allein sind. Sag, spürst du denn das nicht?

Christine Nein, es ist gar nicht schön, daß du mir nie was von dir erzählst... Schau, mich interessiert ja alles, was dich angeht, ach ja... alles – ich möcht' mehr von dir haben als die eine Stunde am Abend, die wir manchmal beisammen sind. Dann bist du ja wieder fort, und ich weiß gar nichts... Da geht dann die ganze Nacht vorüber und ein ganzer Tag mit den vielen Stunden – und nichts weiß ich. Darüber bin ich oft so traurig.

Fritz Warum bist du denn da traurig?

Christine Ja, weil ich dann so eine Sehnsucht nach dir hab', als wenn du gar nicht in derselben Stadt, als wenn du ganz woanders wärst! Wie verschwunden bist du da für mich, so weit weg...

Fritz *etwas ungeduldig* Aber...

Christine Na schau, es ist ja wahr!

Fritz Komm daher, zu mir *Sie ist bei ihm* Du weißt ja doch nur eins, wie ich – daß du mich in *diesem* Augenblicke liebst... *Wie sie reden will* Sprich nicht von Ewigkeit. *Mehr für sich* Es gibt ja vielleicht Augenblicke, die einen Duft von Ewigkeit um sich sprühen. – ... Das ist die einzige, die wir verstehen können, die einzige, die uns gehört... *Er küßt sie. – Pause. – Er steht auf. – Ausbrechend* O, wie schön ist es bei dir, wie schön!... *Er steht beim Fenster* So weltfern ist man da, mitten unter den vielen Häusern... so einsam komm' ich mir vor, so mit dir allein... *Leise* so geborgen...

Christine Wenn du immer so sprächst... da könnt' ich fast glauben...

Fritz Was denn, Kind?

Christine Daß du mich so lieb hast, wie ich's mir geträumt hab' – an dem Tag, wo du mir den ersten Kuß gegeben hast... erinnerst du dich daran?

Fritz *leidenschaftlich* Ich *hab'* dich lieb! – *Er umarmt sie; reißt sich los* Aber jetzt laß mich fort –

Christine Reut's dich denn schon wieder, daß du mir's gesagt hast? Du bist ja frei, du bist ja frei – du kannst mich ja sitzen lassen, wann du willst... Du hast mir nichts versprochen – und ich hab' nichts von dir verlangt... Was dann aus mir wird – es ist ja ganz einerlei – ich bin doch einmal glücklich gewesen, mehr will ich ja vom Leben nicht. Ich möchte nur, daß du das weißt und mir glaubst: Daß ich keinen lieb gehabt vor dir, und daß ich keinen lieb haben werde – wenn du mich einmal nimmer willst –

Fritz *mehr für sich* Sag's nicht, sag's nicht – es klingt... zu schön...

Es klopft.

Fritz *schrickt zusammen* Es wird Theodor sein...

Christine *betroffen* Er weiß, daß du bei mir bist –?

Christine, Fritz; Theodor *tritt ein.*

Theodor Guten Abend. – Unverschämt, was?

Christine Haben Sie so wichtige Dinge mit ihm zu besprechen? –

Theodor Gewiß – und hab' ihn schon überall gesucht.

Fritz *leise* Warum hast du nicht unten gewartet?

Christine Was flüsterst du ihm zu?

Theodor *absichtlich laut* Warum ich nicht unten gewartet habe?... Ja, wenn ich bestimmt gewußt hätte, daß du da bist... Aber da ich das nicht habe riskieren können, unten zwei Stunden auf und ab zu spazieren...

Fritz *mit Beziehung* Also... du fährst morgen mit *mir*?

Theodor *verstehend* Stimmt!...

Fritz Das ist gescheit...

Theodor Ich bin aber so gerannt, daß ich um die Erlaubnis bitten muß, mich auf zehn Sekunden niederzusetzen.

Christine Bitte sehr – *macht sich beim Fenster zu schaffen.*

Fritz *leise* Gibt's was Neues? – Hast du etwas über sie erfahren?

Theodor *leise zu Fritz* Nein. Ich hol' dich nur da herunter, weil du leichtsinnig bist. Wozu noch diese überflüssigen Aufregungen? Schlafen sollst du dich legen... Ruhe brauchst du!... *Christine wieder bei ihnen.*

Fritz Sag, findest du das Zimmer nicht wunderlieb?

Theodor Ja, es ist sehr nett... *Zu Christine* Stecken Sie den ganzen Tag da zu Haus? – Es ist übrigens wirklich sehr wohnlich. Ein bißchen hoch für meinen Geschmack.

Fritz Das find' ich grad so hübsch.

Theodor Aber jetzt entführ' ich Ihnen den Fritz, wir müssen morgen früh aufstehn.

Christine Also du fährst wirklich weg?

Theodor Er kommt wieder, Fräulein Christin'!

Christine Wirst du mir schreiben?

Theodor Aber wenn er morgen wieder zurück ist –

Christine Ach, ich weiß, er fährt auf länger fort...

Fritz *zuckt zusammen.*

Theodor *der es bemerkt* Muß man denn da gleich schreiben? Ich hätte Sie gar nicht für so sentimental gehalten... *Dich* will ich sagen – wir sind ja per Du... Also... gebt euch nur den Abschiedskuß, da ihr auf so lang... *Unterbricht sich* Na, ich bin nicht da.

Fritz und Christine küssen einander.

Theodor *nimmt eine Zigarettentasche hervor und steckt eine Zigarette in den Mund, sucht in seiner Überziehertasche nach einem Streichholz. Wie er keines findet* Sagen Sie, liebe Christine, haben Sie kein Zündholz?

Christine O ja, da sind welche! *Auf ein Feuerzeug auf der Kommode deutend.*

Theodor Da ist keins mehr. –

Christine Ich bring' Ihnen eins. *Läuft rasch ins Nebenzimmer.*

Fritz *ihr nachsehend, zu Theodor* O Gott, wie *lügen* solche Stunden!

Theodor Na, was für Stunden denn!

Fritz Jetzt bin ich nahe dran zu glauben, daß hier mein Glück wäre, daß dieses süße Mädel – *Er unterbricht sich* aber diese Stunde ist eine große Lügnerin...

Theodor Abgeschmacktes Zeug... Wie wirst du darüber lachen. –

Fritz Dazu werd' ich wohl keine Zeit mehr haben.

Christine *kommt zurück mit Zündhölzchen* Hier haben Sie!

Theodor Danke sehr... Also adieu. – *Zu Fritz* Na, was willst du denn noch? –

Fritz *sieht im Zimmer hin und her, als wollte er noch einmal alles in sich aufnehmen* Da kann man sich kaum trennen.

Christine Geh, mach dich nur lustig.

Theodor *stark* Komm. – Adieu, Christine.

Fritz Leb wohl...

Christine Auf Wiedersehn! – *Theodor und Fritz gehen.*

Christine *bleibt beklommen stehen, dann geht sie bis zur Tür, die offen steht; halblaut* Fritz...

Fritz *kommt noch einmal zurück und drückt sie an sein Herz* Leb wohl!...

Vorhang

Dritter Akt

Dasselbe Zimmer wie im vorigen. Es ist um die Mittagsstunde.

Christine *allein. Sie sitzt am Fenster; – näht; legt die Arbeit wieder hin.*

Lina *die neunjährige Tochter Katharinens, tritt ein* Guten Tag, Fräul'n Christin'!

Christine *sehr zerstreut* Grüß dich Gott, mein Kind, was willst denn?

Lina Die Mutter schickt mich, ob ich die Karten fürs Theater gleich mitnehmen darf –

Christine Der Vater ist noch nicht zu Haus, Kind; willst warten?

Lina Nein, Fräul'n Christin', da komm' ich nach dem Essen wieder her.

Christine Schön. –

Lina *schon gehend, wendet sich wieder um* Und die Mutter laßt das Fräulein Christin' schön grüßen, und ob's noch Kopfweh hat?

Christine Nein, mein Kind.

Lina Adieu, Fräul'n Christin'!

Christine Adieu! –

Wie Lina hinausgeht, ist Mizi an der Tür.

Lina Guten Tag, Fräul'n Mizi.

Mizi Servus, kleiner Fratz!

Lina *ab.*

Christine, Mizi

Christine *steht auf, wie Mizi kommt, ihr entgegen* Also sind sie zurück?

Mizi Woher soll ich denn das wissen?

Christine Und du hast keinen Brief, nichts –?

Mizi Nein.

Christine Auch *du* hast keinen Brief?

Mizi Was sollen wir uns denn schreiben?...

Christine Seit vorgestern sind sie fort!

Mizi Na ja, das ist ja nicht so lang! Deswegen muß man ja nicht solche Geschichten machen. Ich versteh' dich gar nicht... Wie du nur aussiehst. Du bist ja ganz verweint. Dein Vater muß dir ja was anmerken, wenn er nach Haus kommt.

Christine *einfach* Mein Vater weiß alles.

Mizi *fast erschrocken* Was? –

Christine Ich hab' es ihm gesagt.

Mizi Das ist wieder einmal gescheit gewesen. Aber natürlich, dir sieht man ja auch gleich alles am Gesicht an. – Weiß er am End' auch, *wer*'s ist?

Christine Ja.

Mizi Und hat er geschimpft?

Christine *schüttelt den Kopf.*

Mizi Also was hat er denn gesagt? –

Christine Nichts... Er ist ganz still weggegangen, wie gewöhnlich. –

Mizi Und doch war's dumm, daß du was erzählt hast. Wirst schon sehn... Weißt, warum dein Vater nichts darüber geredet hat –? Weil er sich denkt, daß der Fritz dich heiraten wird.

Christine Warum sprichst du denn davon!

Mizi Weißt du, was ich glaub'?

Christine Was denn?

Mizi Daß die ganze Geschicht' mit der Reise ein Schwindel ist.

Christine Was?

Mizi Sie sind vielleicht gar nicht fort.

Christine Sie sind fort – ich weiß es. – Gestern abend bin ich an seinem Hause vorbei, die Jalousien sind heruntergelassen; er ist nicht da. –

Mizi Das glaub' ich schon. Weg werden sie ja sein. – Aber zurückkommen werden sie halt nicht – zu uns wenigstens nicht. –

Christine *angstvoll* Du –

Mizi Na, es ist doch möglich! –

Christine Das sagst du so ruhig –

Mizi Na ja – ob heut oder morgen – oder in einem halben Jahr, das kommt doch schon auf eins heraus.

Christine Du weißt ja nicht, was du sprichst... Du kennst den Fritz nicht – er ist ja nicht so, wie du dir denkst – neulich hab' ich's ja gesehn, wie er hier war, in dem Zimmer. Er stellt sich nur manchmal gleichgültig – aber er hat mich lieb... *Als würde sie Mizis Antwort erraten* – Ja, ja – nicht für immer, ich weiß ja – aber auf einmal hört ja das nicht auf –!

Mizi Ich kenn' ja den Fritz nicht so genau.

Christine Er kommt zurück, der Theodor kommt auch zurück, gewiß!

Mizi *Geste, die ausdrückt: ist mir ziemlich gleichgültig.*

Christine Mizi... Tu mir was zulieb'.

Mizi Sei doch nicht gar so aufgeregt – also was willst denn?

Christine Geh du zum Theodor, es ist ja ganz nah, schaust halt vorüber... Du fragst bei ihm im Haus, ob er schon da ist, und wenn er nicht da ist, wird man im Haus vielleicht wissen, wann er kommt.

Mizi Ich werd' doch einem Mann nicht nachlaufen.

Christine Er braucht's ja gar nicht zu erfahren. Vielleicht triffst ihn zufällig. Jetzt ist bald ein Uhr; – jetzt geht er grad zum Speisen –

Mizi Warum gehst denn du nicht, dich im Haus vom Fritz erkundigen?

Christine Ich trau' mich nicht – Er kann das so nicht leiden... Und er ist ja sicher noch nicht da. Aber der Theodor ist vielleicht schon da und weiß, wann der Fritz kommt. Ich bitt' dich, Mizi!

Mizi Du bist manchmal so kindisch –

Christine Tu's mir zuliebe! Geh hin! Es ist ja doch nichts dabei. –

Mizi Na, wenn dir soviel daran liegt, so geh' ich ja hin. Aber nützen wird's nicht viel. Sie sind sicher noch nicht da.

Christine Und du kommst gleich zurück... ja?...

Mizi Na ja, soll die Mutter halt mit dem Essen ein bissel warten.

Christine Ich dank' dir, Mizi, du bist so gut...

Mizi Freilich bin ich gut; – jetzt sei aber du vernünftig... ja?... Also grüß dich Gott!

Christine Ich dank' dir! –

Mizi geht.

Christine, *später* **Weiring**

Christine *allein. Sie macht Ordnung im Zimmer. Sie legt das Nähzeug zusammen usw. Dann geht sie zum Fenster und sieht hinaus. Nach einer Minute kommt Weiring herein, den sie anfangs nicht sieht. Er ist in tiefer Erregung, betrachtet angstvoll seine Tochter, die am Fenster steht.*

Weiring Sie weiß noch nichts, sie weiß noch nichts… *Er bleibt an der Tür stehen und wagt keinen Schritt weiter zu machen.*

Christine *wendet sich um, bemerkt ihn, fährt zusammen.*

Weiring *versucht zu lächeln. Er tritt weiter ins Zimmer herein* Na Christin'… *Als riefe er sie zu sich.*

Christine *auf ihn zu, als wollte sie vor ihm niedersinken.*

Weiring *läßt es nicht zu* Also… was glaubst du, Christin'? Wir *Mit einem Entschluß* wir werden's halt vergessen, was? –

Christine *erhebt den Kopf.*

Weiring Na ja... ich – und du!

Christine Vater, hast du mich denn heut früh nicht verstanden?...

Weiring Ja, was willst denn, Christin'?... Ich muß dir doch sagen, was ich drüber denk'! Nicht wahr? Na also...

Christine Vater, was soll das bedeuten?

Weiring Komm her, mein Kind... hör mir ruhig zu. Schau, ich hab' dir ja auch ruhig zugehört, wie du mir's erzählt hast. – Wir müssen ja –

Christine Ich bitt' dich, sprich nicht so zu mir, Vater... wenn du jetzt darüber nachgedacht hast und einsiehst, daß du mir nicht verzeihen kannst, so jag' mich davon – aber sprich nicht so...

Weiring Hör mich nur ruhig an, Christin'! Du kannst ja dann noch immer tun, was du willst... Schau, du bist ja so jung, Christin'. – Hast denn noch nicht gedacht... *Sehr zögernd* daß das Ganze ein Irrtum sein könnt' –

Christine Warum sagst du mir das, Vater? – Ich weiß ja, was ich getan hab' – und ich verlang' ja auch nichts – von dir und von keinem Menschen auf der Welt, wenn's ein Irrtum gewesen ist... Ich hab' dir ja gesagt – jag mich davon, aber...

Weiring *sie unterbrechend* Wie kannst denn so reden... Wenn's auch ein Irrtum war, ist denn da gleich eine Ursach' zum verzweifelt sein für so ein junges Geschöpf, wie du eins bist? – Denk doch nur, wie schön, wie wunderschön das Leben ist. Denk nur, an wie vielen Dingen man sich freuen kann, wie viel Jugend, wie viel Glück noch vor dir liegt... Schau, ich hab' doch nicht mehr viel von der ganzen Welt, und sogar für mich ist das Leben noch schön – und auf so viel Sachen kann ich mich noch freuen. Wie du und ich zusammen sein werden – wie wir uns das Leben einrichten wollen – du und ich... wie du wieder – jetzt, wenn die schöne Zeit kommt, anfangen wirst zu singen, und wie wir dann, wenn die Ferien da sind, aufs Land hinausgehen werden ins Grüne, gleich auf den ganzen Tag – ja – oh, so viele schöne Sachen gibt's... so viel. – Es ist ja unsinnig, gleich alles aufzugeben, weil man sein erstes Glück hingeben muß oder irgend was, das man dafür gehalten hat –

Christine *angstvoll* Warum... muß ich's denn hingeben...?

Weiring War's denn eins? Glaubst denn wirklich, Christin', daß du's deinem Vater erst heut hast sagen müssen? Ich hab's längst gewußt! – Und auch, daß du mir's sagen wirst, hab' ich gewußt.

Nein, nie war's ein Glück für dich!... Kenn' ich denn die Augen nicht? Da wären nicht so oft Tränen drin gewesen und die Wangen da wären nicht so blaß geworden, wenn du einen lieb gehabt hättest, der's verdient.

Christine Wie kannst du das... Was weißt du... Was hast du erfahren?

Weiring Nichts, gar nichts... aber du hast mir ja selbst erzählt, was er ist... So ein junger Mensch – Was weiß denn der? – Hat denn der nur eine Ahnung von dem, was ihm so in den Schoß fällt – weiß denn der den Unterschied von echt und unecht – und von deiner ganzen unsinnigen Lieb' – hat er denn von der was verstanden?

Christine immer angstvoller Du hast ihn... – Du warst bei ihm?

Weiring, Aber was fällt dir denn ein! Er ist ja weggefahren, nicht? Aber Christin', ich hab' doch noch meinen Verstand, ich hab' ja meine Augen im Kopf! Schau, Kind, vergiß drauf! Vergiß drauf! Deine Zukunft liegt ja ganz woanders! Du kannst, du wirst noch so glücklich werden, als du's verdienst. Du wirst auch einmal einen Menschen finden, der weiß, was er an dir hat –

Sehr rasch:

Christine *ist zur Kommode geeilt, ihren Hut zu nehmen.*

Weiring Was willst du denn? –

Christine Laß mich, ich will fort...

Weiring Wohin willst du?

Christine Zu ihm... zu ihm...

Weiring Aber was fällt dir denn ein...

Christine Du verschweigst mir irgend was – laß mich hin –

Weiring *sie fest zurückhaltend* So komm doch zur Besinnung, Kind. Er ist ja gar nicht da... Er ist ja vielleicht auf sehr lange fortgereist... Bleib doch bei mir, was willst du dort... Morgen oder am Abend schon geh' ich mit dir hin. So kannst du ja nicht auf die Straße... weißt du denn, wie du ausschaust...

Christine Du willst – mit mir hingehn –?

Weiring Ich versprech' dir's. – Nur jetzt bleib schön da, setz dich nieder und komm wieder zu dir. Man muß ja beinah lachen, wenn man dich so anschaut... für nichts und wieder nichts. – Hältst du's denn bei deinem Vater gar nimmer aus?

Christine Was *weißt* du?

Weiring *immer ratloser* Was soll ich denn wissen... ich weiß, daß ich dich lieb hab', daß du mein einziges Kind bist, daß du bei mir bleiben sollst – daß du immer bei mir hättest bleiben sollen –

Christine Genug – – – laß mich – *Sie reißt sich von ihm los, macht die Tür auf, in der Mizi erscheint.*

Weiring, Christine, Mizi, *dann* Theodor

Mizi *schreit leise auf, wie Christine ihr entgegenstürzt* Was erschreckst mich denn so...

Christine *weicht zurück, wie sie Theodor sieht.*

Theodor *in der Tür stehen bleibend, er ist schwarz gekleidet.*

Christine Was... was ist denn... *Sie erhält keine Antwort; sie sieht Theodor ins Gesicht, der ihren Blick vermeiden will* Wo ist er, wo ist er?... *In höchster Angst – sie erhält keine Antwort, sieht die verlegenen und traurigen Gesichter* Wo ist er? *Zu Theodor* So sprechen Sie doch!

Theodor *versucht zu reden.*

Christine *sieht ihn groß an, sieht um sich, begreift den Ausdruck der Mienen und stößt, nachdem in ihrem Gesicht sich das* *allmähliche Verstehen der Wahrheit kundgegeben, einen furchtbaren Schrei aus* ... Theodor!... Er ist...

Theodor *nickt.*

Christine *sie greift sich an die Stirn, sie begreift es nicht, sie geht auf Theodor zu, nimmt ihn beim Arm – wie wahnsinnig* ... Er ist... tot...? *Als frage sie sich selbst.*

Weiring Mein Kind –

Christine *wehrt ihn ab* So sprechen Sie doch, Theodor!

Theodor Sie wissen alles.

Christine Ich weiß nichts... Ich weiß nicht, was geschehen ist... glauben Sie... ich kann jetzt nicht alles hören... wie ist das gekommen... Vater... Theodor... *Zu Mizi* Du weißt's auch...

Theodor Ein unglücklicher Zufall –

Christine Was, was?

Theodor Er ist gefallen.

Christine Was heißt das: Er ist...

Theodor Er ist im Duell gefallen.

Christine *Aufschrei* Ah!... *Sie droht umzusinken, Weiring hält sie auf, gibt dem Theodor ein Zeichen, er möge jetzt gehen.*

Christine *merkt es, faßt Theodor* Bleiben Sie... Alles muß ich wissen. Meinen Sie, Sie dürfen mir jetzt noch etwas verschweigen...

Theodor Was wollen Sie weiter wissen?...

Christine Warum – warum hat er sich duelliert?

Theodor Ich kenne den Grund nicht.

Christine Mit wem, mit wem –? Wer ihn umgebracht hat, das werden Sie ja doch wohl wissen... Nun, nun –

Theodor Niemand, den Sie kennen

Christine Wer, wer?

Mizi Christin'!

Christine Wer? Sag du mir's *Zu Mizi* ... Du, Vater, *Keine Antwort. Sie will fort. Weiring hält sie zurück.* Ich werde doch erfahren dürfen, wer ihn umgebracht hat, und wofür –!

Theodor Es war... ein nichtiger Grund...

Christine Sie sagen nicht die Wahrheit... Warum, warum...

Theodor Liebe Christine...

Christine *als wollte sie unterbrechen, geht sie auf ihn zu – spricht anfangs nicht, sieht ihn an und schreit dann plötzlich* Wegen einer Frau?

Theodor Nein –

Christine Ja – für eine Frau... *Zu Mizi gewendet* für diese Frau, für *diese* Frau, die er *geliebt* hat – Und ihr Mann – ja, ja, ihr Mann hat ihn umgebracht... Und ich... was bin denn ich? Was bin denn ich ihm gewesen...? Theodor... haben Sie denn gar nichts für mich... hat er nichts niedergeschrieben...? Hat er Ihnen kein Wort für mich gesagt... haben Sie nichts gefunden... einen Brief... einen Zettel –

Theodor *schüttelt den Kopf.*

Christine Und an dem Abend wo er da war, wo Sie ihn da abgeholt haben... da hat er's schon gewußt, da hat er gewußt, daß er mich vielleicht nie mehr... Und er ist von da weggegangen, um sich für eine andere umbringen zu lassen – Nein, nein – es ist ja nicht möglich... hat er denn nicht gewußt, was er für mich ist... hat er...

Theodor Er hat es gewußt. – Am letzten Morgen, wie wir hinausgefahren sind... hat er auch von Ihnen gesprochen.

Christine *Auch* von mir hat er gesprochen! Auch von mir! Und von was denn noch? Von wie viel andern Leuten, von wie viel anderen Sachen, die ihm grad so viel gewesen sind wie ich? – Von mir auch! Oh Gott!... Und von seinem Vater und von seiner Mutter und von seinen Freunden und von seinem Zimmer und vom Frühling und von der Stadt und von allem, von allem, was so mit dazu gehört hat zu seinem Leben und was er grad so hat verlassen müssen wie mich... von allem hat er mit Ihnen gesprochen... und auch von mir...

Theodor *bewegt* Er hat Sie gewiß lieb gehabt.

Christine Lieb! – Er? – Ich bin ihm nichts gewesen als ein Zeitvertreib – und für eine andere ist er gestorben –! Und ich hab' ihn angebetet! – Hat er denn das nicht gewußt?... Daß ich ihm alles gegeben hab', was ich ihm hab' geben können, daß ich für ihn gestorben wär' – daß er mein Herrgott gewesen ist und meine Seligkeit – hat er das gar nicht bemerkt? Er hat von mir fortgehn können, mit einem Lächeln, fortgehn aus dem Zimmer und sich für eine andere niederschießen lassen... Vater, Vater – verstehst du das?

Weiring Christin'! *Bei ihr.*

Theodor *zu Mizi* Schau, Kind, das hättest du mir ersparen können...

Mizi *sieht ihn bös an.*

Theodor Ich hab' genug Aufregung gehabt... diese letzten Tage...

Christine *mit plötzlichem Entschluß* Theodor, führen Sie mich hin – ich will ihn sehn – noch einmal will ich ihn *sehn* – das Gesicht – Theodor, führen Sie mich hin.

Theodor *wehrt ab, zögernd* Nein...

Christine Warum denn nein? – Das können Sie mir doch nicht verweigern? – Sehn werd' ich ihn doch noch einmal dürfen –?

Theodor Es ist zu spät.

Christine Zu spät? – Seine Leiche zu sehn... ist es zu spät? Ja... ja – *Sie begreift nicht.*

Theodor Heut früh hat man ihn begraben.

Christine *mit dem höchsten Ausdrucke des Entsetzens* Begraben... Und ich hab's nicht gewußt? Erschossen haben sie ihn... und in den Sarg haben sie ihn gelegt und hinausgetragen haben sie ihn und in die Erde haben sie ihn eingegraben – und ich hab' ihn nicht noch einmal sehen dürfen? – Zwei Tage lang ist er tot – und Sie sind nicht gekommen und haben's mir gesagt –?

Theodor *sehr bewegt* Ich hab' in diesen zwei Tagen... Sie können nicht ahnen, was alles in diesen zwei Tagen... Bedenken Sie, daß ich auch die Verpflichtung hatte, seine Eltern zu benachrichtigen – ich mußte an sehr viel denken – und dazu noch meine Gemütsstimmung...

Christine Ihre...

Theodor Auch hat das... es hat in aller Stille stattgefunden... Nur die allernächsten Verwandten und Freunde...

Christine Nur die nächsten –! Und ich –?... Was bin denn ich?...

Mizi Das hätten die dort auch gefragt.

Christine Was bin denn ich –? Weniger als alle andern –? Weniger als seine Verwandten, weniger als... Sie?

Weiring Mein Kind, mein Kind. Zu mir komm, zu mir... *Er umfängt sie. Zu Theodor* Gehen Sie... lassen Sie mich mit ihr allein!

Theodor Ich bin sehr... *Mit Tränen in der Stimme* Ich hab' das nicht geahnt...

Christine *Was* nicht geahnt? – Daß ich ihn *geliebt* habe? – *Weiring zieht sie an sich; Theodor sieht vor sich hin. Mizi steht bei Christine.*

Christine *sich von Weiring losmachend* Führen Sie mich zu seinem Grab!

Weiring Nein, nein –

Mizi Geh nicht hin, Christin' –

Theodor Christine... später... morgen... bis Sie ruhiger geworden sind –

Christine Morgen? – Wenn ich ruhiger sein werde?! – Und in einem Monat ganz getröstet, wie? – Und in einem halben Jahr kann ich wieder lachen, was –? *Auflachend* Und wann kommt denn der nächste Liebhaber?...

Weiring Christin'...

Christine Bleiben Sie nur... ich find' den Weg auch allein...

Weiring Geh nicht.

Mizi Geh nicht.

Christine Es ist sogar besser... wenn ich... Laßt mich, laßt mich.

Weiring Christin', bleib...

Mizi Geh nicht hin! – Vielleicht findest du grad die andere dort – beten.

Christine *vor sich hin, starren Blickes* Ich will dort nicht beten… nein… *Sie stürzt ab… die anderen anfangs sprachlos.*

Weiring Eilen Sie ihr nach.

Theodor und Mizi ihr nach.

Weiring Ich kann nicht, ich kann nicht… *Er geht mühsam von der Tür bis zum Fenster* Was will sie… was will sie… *Er sieht durchs Fenster ins Leere* Sie kommt nicht wieder – sie kommt nicht wieder! – *Er sinkt laut schluchzend zu Boden.*

Vorhang